IT-Dienstleistungen budgetieren (207)

Grundlagen, Einflussgrössen, Werkzeuge, Methoden und Prozess der Budgetierung anhand eines Fallbeispiels, Repetitionsfragen und -antworten

André Romagna

IT-Dienstleistungen budgetieren (207)
Grundlagen, Einflussgrössen, Werkzeuge, Methoden und Prozess der Budgetierung anhand eines Fallbeispiels, Repetitions-
fragen und -antworten
André Romagna

Grafisches Konzept: dezember und juli, Wernetshausen
Satz und Layout: Mediengestaltung, Compendio Bildungsmedien AG, Zürich
Druck: Edubook AG, Merenschwand

Redaktion und didaktische Bearbeitung: Robert Baumann

Artikelnummer: 4108
ISBN: 978-3-7155-9100-1
Auflage: 1. Auflage 2003
Ausgabe: K0049
Sprache: DE
Code: ICT 030

Inhaltsverzeichnis

Vorwort

Liebe Leserin, lieber Leser

Vorweg schon einmal herzliche Gratulation! Sie haben sich für den Einsatz eines der aktuellsten Lehrmittel der Informatikausbildung entschlossen.

An wen richtet sich die Lernwelt «Informatik»?

Die Lernwelt «Informatik» ist ausgerichtet auf die gültigen Modulbeschreibungen für die Informatik-Grund- und Weiterbildung. Mit diesem Grundlagenbuch wenden wir uns deshalb an Auszubildende und Unterrichtende

- einer Informatiklehre,
- der Informatikmittelschulen,
- der höheren Berufsbildung und
- von Ausbildungsgängen und Schulungen in der Erwachsenenbildung.

Dank zahlreicher Beispiele, Grafiken, Abbildungen und Übungen mit kommentierten Lösungen eignet sich die Lernwelt «Informatik» auch für das Selbststudium.

Wie Sie mit diesem Lehrmittel arbeiten

Dieses Arbeitsbuch bietet Ihnen mehr als nur einen Lerntext. Deshalb weisen unsere Bildungsmedien eine Reihe von Charakteristiken auf, die Ihnen Ihre Arbeit erleichtern:

- Das **Inhaltsverzeichnis** dient Ihnen als Orientierungshilfe und als Lernrepetition. Fragen Sie sich, was Sie von jedem Kapitel erwarten, und überprüfen Sie anschliessend an das Bearbeiten des Lerntextes, was Sie jetzt zu den einzelnen Teilen wissen.
- Wissen Sie gerne im Voraus, wofür Sie Ihre kostbare Zeit einsetzen? Kein Problem, lesen Sie die **Lernziele** vor der Lektüre des entsprechenden Teils. An gleicher Stelle finden Sie auch eine Auflistung der **Schlüsselbegriffe.**
- Die einzelnen Lerneinheiten werden durch eine **Zusammenfassung** abgeschlossen. Sie greift die wichtigsten Punkte des vorangegangenen Textes nochmals auf und stellt sie in den richtigen Zusammenhang.
- Nach dem Durcharbeiten der einzelnen Lerneinheiten können Sie anhand der **Repetitionsfragen** überprüfen, ob Sie das Gelernte verstanden haben. Die **Lösungen** zu diesen Repetitionsfragen finden Sie im Anhang des Buchs. Bitte beachten Sie, dass die Übungen nicht fortlaufend nummeriert sind; die Nummern dienen lediglich zum Auffinden der Lösung.
- Nutzen Sie das **Glossar;** schlagen Sie dort nach, wenn Sie einen Begriff nicht verstehen.
- Das **Stichwortverzeichnis** beschliesst das Lehrmittel. Sie können es benutzen, wenn Sie einzelne Abschnitte zu bestimmten Schlagwörtern nachlesen wollen.

Wer steht hinter der Lernwelt «Informatik»?

Die erfahrenen Lehrmittelentwickler von Compendio Bildungsmedien haben die Lernwelt «Informatik» zusammen mit ausgewiesenen Fachleuten und Kennern der Informatikausbildung konzipiert und realisiert.

Dank gebührt allen, die trotz grossem Zeitdruck mit Rat und Tat am Konzept und an der Ausarbeitung mitgewirkt haben.

In eigener Sache

Um den Text dieses Lehrbuchs möglichst einfach und verständlich zu halten, wurde bewusst auf die weibliche Form bei Substantiven wie z. B. Kundin, Anwenderinnen verzichtet.

Haben Sie Fragen oder Anregungen zu diesem Lehrmittel? Über unsere E-Mail-Adresse postfach@compendio.ch können Sie uns diese gerne mitteilen. Sind Ihnen Tipp- oder Druckfehler aufgefallen, danken wir Ihnen für einen entsprechenden Hinweis über die E-Mail-Adresse korrekturen@compendio.ch.

Wir wünschen Ihnen mit diesem Lehrmittel viel Spass und Erfolg.

Zürich, im Dezember 2003

Andreas Ebner, Unternehmensleiter
André Romagna, Autor
Robert Baumann, Redaktor

Über dieses Lehrmittel

Inhalt und Aufbau dieses Lehrmittels

Dieses Lehrmittel ist in intensiver Zusammenarbeit mit den I-CH-Modulverantwortlichen entstanden.

Budgetierung ist ein Planungsinstrument: Die künftige Entwicklung wird abgeschätzt und mit finanziellen Grössen erfasst. Das Budget gibt den Soll-Pfad (eine Zielrichtung) vor. Das Budget ist aber auch ein Kontrollinstrument: Durch einen Vergleich von Sollzahlen und Istzahlen kann die Zielerreichung überwacht werden; Abweichungen lassen sich aufdecken und nötigenfalls korrigieren.

Für IT-Unternehmen geht es bei der Budgetierung – wie für alle Unternehmen – darum, die eigenen Prozesse zu planen und zu steuern. Die Budgetierung kann von mehreren Seiten her betrachtet werden:

- Vielfach haben IT-Unternehmen von der Kundenseite her mit Budgetierung zu tun: Welches Budget steht dem Kunden zur Deckung von Informatikbedürfnissen zur Verfügung und welchen Service können wir als IT-Unternehmen im Rahmen dieses Budgets erbringen?
- Die andere Optik beschäftigt sich mit dem «marktgerechten Preis» einer Dienstleistung. Wie viel darf eine Dienstleistung kosten, und wie gross ist dann das Budget für die einzelnen Fachabteilungen, um diese Dienstleistung zu erbringen?

Die gemeinsamen Nenner sind bei beiden Betrachtungsweisen

- die Anforderungen des Kunden, das heisst, welchen Umfang und welche Qualität der Dienstleistungen werden gefordert, und
- die Anforderungen an die Kosten, das heisst, wie viel kann der Kunde bezahlen oder wie viel ist der Kunde bereit zu zahlen.

Beides muss direkt beim Kunden erhoben werden.

Gesamtübersicht

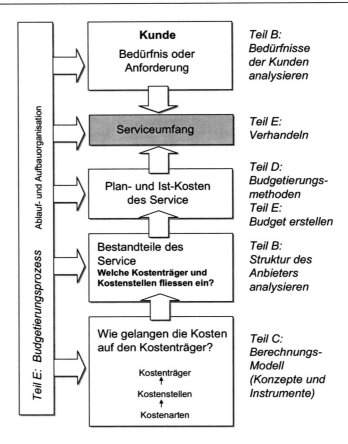

Budgetierung steht nicht alleine im luftleeren Raum, sondern ist eingebunden in den so genannten Controlling-Prozess einer Unternehmung und bildet die Grundlage, dass eine Unternehmung überhaupt gesteuert werden kann.

Die Gesamtübersicht zeigt Ihnen auch den Aufbau des Lehrmittels:

- **Teil A** gibt eine umfassende Übersicht, was Budgetierung überhaupt ist und wo es sich positionieren lässt. Ebenso wird das Grundprinzip der Kostenrechnung aufgezeigt.
- **Teil B** zeigt die verschiedenen Anspruchsgruppen rund um das Budget auf. Budgetierung wird nicht nur von einer Stelle oder Organisation benötigt, sondern von den unterschiedlichsten Anspruchsgruppen.
- **Teil C** geht auf die betriebswirtschaftlichen Verfahren und Methoden ein, die der Budgetierung zu Grunde liegen. Dabei wird hier eine Übersicht derjenigen Teilgebiete der so genannten Kosten- und Leistungsrechnung gegeben, die für dieses Modul beherrscht werden müssen.
- **Teil D** beschreibt die verschiedenen Ansätze, eine Budgetrunde durchzuführen. Wer gibt welche Vorgaben und weshalb.
- In **Teil E** rückt schlussendlich der so genannte Budgetierungsprozess in den Mittelpunkt, wo vor allem die einzelnen Schritte der Budgetierung aufgezeigt werden.

Dieses Lehrmittel liefert die Grundlage für den Erwerb folgender Kompetenzen

Dieses Lehrmittel zeigt den Aufbau von Kalkulations- und Budgetierungsprozessen im IT-Umfeld und soll den Leser befähigen, ein Modell für die inner- und ausserbetriebliche Leistungsverrechnung für eine gegebene Unternehmung zu entwickeln.

Technische / Methodische Voraussetzungen

Zur Lösung der gezeigten Beispiele und Aufgaben sollte vornehmlich ein Tabellenkalkulationsprogramm, wie bspw. Microsoft Excel, eingesetzt werden. Dies macht Sinn, gilt Excel ja im Umfeld des Controllings heute bereits als «Quasi-Standard».

Für die Bearbeitung dieses Lehrmittels werden folgende Kenntnisse und Fähigkeiten vorausgesetzt

Für die Bearbeitung dieses Lehrmittels werden die Kenntnisse aus dem Modul 170 «Managementinformationen beschaffen und aufbereiten» vorausgesetzt. Kenntnisse über die Grundlagen des Rechnungswesens, insbesondere über die Kostenrechnung (Betriebsbuchhaltung) erleichtern die Durcharbeit des vorliegenden Lehrmittels.

Explizit sollten Grundlagenkenntnisse in folgenden Themenbereichen vorhanden sein:

*   Grundlagen der Finanzbuchhaltung
*   Wertflüsse im Rechnungswesen (Aufwand/Ertrag, Ausgaben/Einnahmen, Kosten/Leistungen)
*   Bereiche des Rechnungswesens (Finanzbuchhaltung, Betriebsbuchhaltung)
*   Bereiche der Betriebsbuchhaltung (Kostenarten-, Kostenstellen- und Kostenträgerrechnung)
*   Kontenplan/Kontenrahmen

Nützliche Literatur zum Thema

Autor/Herausgeber	Titel	Jahr	ISBN
Hopfenbeck, Waldemar	Allgemeine Betriebswirtschafts- und Managementlehre. München	2002	3-478-39875-4
Weilenmann, Paul	Planungsrechnung in der Unternehmung	1994	3-286-50108-5
Horváth, Péter	Controlling	2003	3-8006-2992-5
		1998	3-8006-2336-6
Horváth, Péter (Hrsg.)	Marktnähe und Kosteneffizienz schaffen: effektives Controlling für neue Führungsstrukturen	1993	3-7910-0724-6
Horváth, Péter (Hrsg.)	Strategieunterstützung durch das Controlling: Revolution im Rechnungswesen?	1990	3-7910-0550-2
Wild, Martin / Herges, Sascha	Total Cost of Ownership (TCO) – Ein Überblick	2000	–

Teil A   Grundlagen zur Budgetierung

Einleitung, Lernziele und Schlüsselbegriffe

Zum Einstieg

Bevor man sich mit der Budgetierung befassen kann, muss zuerst bekannt sein, was denn ein Budget überhaupt ist und wo es sich positionieren lässt. Budgetierung wird heute überall angewandt und ist nicht ein einmaliges Vorgehen, sondern ein kontinuierlicher Prozess.

Beispiel

Sepp Huber ist Berater und wird von der Servact AG, einem IT-Dienstleistungsanbieter, zu Hilfe gerufen. Die Servact AG ist eine Tochterunternehmung der Handels Holding mit dem Ziel, für die Handels Holding IT-Dienstleistungen zu erbringen. Bis anhin wurde die Servact AG in der Handels Holding lediglich als eine Aufwandsposition «IT-Dienste» geführt, die jährlich mit rund CHF 5 Mio. zu Buche schlägt. Die Servact AG mit 35 Mitarbeitern (MA) bietet Dienstleistungen rund um die IT an und betreut zusätzlich auch Benützerprojekte für die Handels Holding. Die Handels Holding hat 400 MA.

Der Direktor der Servact AG, Herr Klein, konnte bis anhin recht frei entscheiden und musste dem Mutterhaus lediglich die ungefähren geplanten Kosten ausweisen.

Nun spürt auch die Handels Holding den Gegenwind in der Wirtschaft. Sparen und Kostentransparenz sind angesagt. In der Servact AG werden IT-Mittel unkoordiniert beschafft und die Kosten laufen langsam, aber sicher davon. Sepp Huber soll helfen, ein sauberes Budget zu erstellen. Vordringlich ist der Service «Mail».

Ein grosser Absturz dieses Service führte dazu, dass die Handels Holding rund zwei Tage von der Aussenwelt abgeschnitten war. Herr Klein fordert von der Geschäftsleitung CHF 500 000, um diesen Service ausfallsicher zu gestalten. «Nein!» war die Antwort aus dem Mutterhaus. Zuerst wolle man wissen, was denn der Service «Mail» heute koste und wie viel er nach diesem Ausbau kosten würde. Weiter will man auch in Zukunft jeden Monat die Kosten ausgewiesen haben.

Zunächst versucht Sepp herauszufinden, was denn eigentlich die Bedürfnisse des Kunden sind, das heisst, welche Leistungen der Kunde benötigt. Daraufhin wendet er sich an die Servact AG und definiert, welche Kosten diese Leistungen bei der Servact AG verursachen werden oder bereits verursachen.

Sobald diese Erhebung abgeschlossen ist, gilt es ein entsprechendes Berechnungsmodell zu finden. Wie sollen z. B. die einzelnen IT-Mittel abgeschrieben und verrechnet werden? Auf welcher Basis soll eine Kalkulation durchgeführt werden? Etc.

Nachdem das Berechnungsmodell (Konzept) besteht, wird damit eine Berechnung erstellt, was denn nun der Service aufgrund der vorliegenden Angaben kosten wird. Wichtig ist dabei, auch die Konkurrenz zu kennen. Sind diese günstiger?

Sind die internen Kosten zu hoch, das heisst, ist der Kunde nicht bereit, die auflaufenden Kosten zu übernehmen, muss verhandelt werden. Eventuell muss der Kunde seine Anforderungen anpassen, oder die Servact AG muss versuchen, mit günstigeren IT-Mitteln diesen Dienst zur Verfügung zu stellen.

Hat man sich geeinigt, so ist die Arbeit von Sepp Huber noch nicht zu Ende. Wer wird dieses Budget überwachen? Und wer wird nächstes Jahr das Budget neu aushandeln? Eine entsprechende Organisation wird also nötig sein.

Obiges Beispiel soll aufzeigen, was alles bei einem Budgetierungsprozess zu berücksichtigen ist. Wir wollen in diesem Buch Sepp Huber auf seiner Arbeit begleiten, um so Schritt für Schritt aufzuzeigen, wie ein Budget entsteht.

Lernziele und Lernschritte

Lernziel	**Lernschritte**
☐ Einflussgrössen und Informationen für IT-Budgetierung (z. B. geplante Projekte, Systeme, Dienstleistungen, Services) sammeln und daraus die relevanten Faktoren für die Budgetierung ableiten.	• Kennt Arten von Leistungen/Dienstleistungen einer IT-Abteilung und kann anhand der Kostenstruktur erläutern, warum diese für eine zuverlässige Planung/Budgetierung unterschieden werden müssen • Kennt die relevanten Informationen zur Ermittlung des Ressourcenbedarfs von bestimmten Leistungen/Dienstleistungen einer IT-Abteilung und kann erläutern, wie diese bei der Planung/Budgetierung berücksichtigt werden.

Schlüsselbegriffe

Budgetdilemma, Budgetierung, Budgetposition, Budgetsystem, Controlling, Controllingprozess, IT-Controlling, Kostenarten, Kostenstellen, Kostenträger, Kostenrechnung, Masterbudget, multidimensionale Budgetsysteme, operative Planung, Rechnungswesen, strategische Planung, Umlageschlüssel

1   Positionierung der Budgetierung

1.1   Budgetplanung im Rahmen des Managementzyklus

Die Budgetierung ist ein Teil des Managementzyklus (vgl. dazu die folgende Abbildung).

Ein Unternehmen möchte langfristig Erfolg haben. Dazu braucht es Visionen: Welche Ziele soll das Unternehmen in einem sich ständig ändernden Umfeld anstreben? Mit welchen Massnahmen sollen diese Ziele erreicht werden? Dieser längerfristige Blick voraus wird in der Unternehmensstrategie formuliert und in einer Langfrist-Planung in groben Zügen (mit summarischen Budgets) festgehalten.

Die Realisierung von Visionen erfolgt Schritt für Schritt, von Jahr zu Jahr. Die Langfrist-Planung gibt den Rahmen für die Budget-Planung. Dabei geht es um die kurzfristige, operative Planung, die detailliert auf der Jahresbasis erstellt wird (detaillierte Jahresbudgets).

Während des Jahres (Ausführung Business) liefert das Rechnungswesen die effektiven Zahlen, die mit den Sollwerten des Budgets verglichen werden. Damit wird eine Kontrolle sichergestellt, die über Feedbacks allfällige Korrekturmassnahmen auslösen kann, über die laufende Durchführung bzw. auf den Planungs- und Budgetprozess selbst.

[1-1]   Managementzyklus

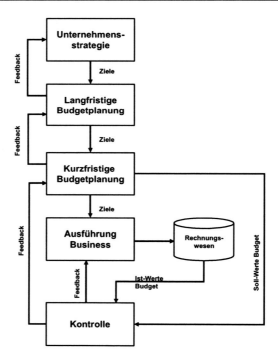

Man nennt die langfristige Planung auch strategische Planung und die kurzfristige Planung operative Planung.

Beispiel

Eigentlich hatte die Servact AG bis anhin keine strategischen und operativen Ziele. Dies ist aber nicht unbedingt das Problem der Servact AG, sondern die Handels Holding hätte ganz klare Vorgaben machen müssen. Zum Beispiel hätte das Mutterhaus der Servact AG mitteilen müssen: «Hört mal, wir wissen, dass ihr zu teuer seid. Wir gehen davon aus, dass wir euer Budget von 5 Mio. auf rund 3 Mio. herunterbringen müssen, damit wir eine Leistung von euch bekommen, die dem normalen IT-Markt entspricht. Wir geben euch deshalb **langfristig** (strategisch) vor, in den nächsten 3 Jahren pro Jahr rund 15 % einzusparen. Das heisst, ihr habt dieses Jahr das **kurzfristige** (operative) Ziel, 15 % zu sparen. Je nachdem wie sich der Markt entwickelt, werden wir das strategische Ziel zusätzlich anpassen.

Obiges Beispiel soll aufzeigen, dass die Budgetierung meist eine operative Planung darstellt.

Diese Unterscheidung wäre weiter nicht so wichtig, wenn sie nicht aufzeigen würde, dass die strategischen Ziele, und davon abgeleitet die operativen, meist nicht von der eigenen Abteilung oder Unternehmung vorgegeben werden, sondern entweder durch den Kunden (z. B. durch Preistendenzen am Markt) oder durch eine übergeordnete Organisationsinstanz. Und hier entsteht ein Problem: Die Anforderungen von «oben» decken sich vielfach nicht mit dem Budget, das der Fachabteilung zur Verfügung steht. Nachfolgende Grafik zeigt dieses Problem auf:

[1-2]   Budgetdilemma

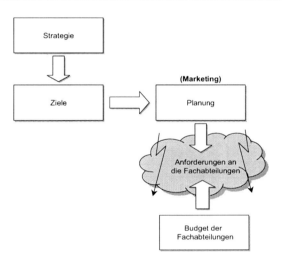

Man nennt dieses Problem das Budgetdilemma. Einerseits werden ganz klare finanzielle Zielvorgaben gemacht und gleichzeitig sehr umfangreiche Anforderungskataloge der Fachabteilung übergeben. Es entsteht somit eine intensive Diskussion, welche Anforderungen mit welchen Budgetgrössen abgedeckt werden können und welche eben nicht.

Beispiel

Sepp ist sich bewusst, dass genau dieses Problem die Servact AG betreffen wird. Das Mutterhaus möchte sparen, zwar vorerst nur beim Service Mail, aber sie möchte natürlich auch keine Einbusse des Serviceumfanges hinnehmen. Das Wichtigste für Sepp ist somit einmal herauszufinden, welche Kosten bei der Servact AG anfallen und wie viel der Service Mail kostet. Ist dies bekannt, so kann die Servact AG beginnen, mit dem Mutterhaus zu verhandeln.

1.2 Budgetierung als ein Bestandteil des Controllings

Die Planungs- und Steuerungsaufgaben werden in einer Unternehmung durch das so genannte Controlling übernommen.

Abgrenzung zwischen Rechnungswesen und Controlling:

[1-3]   Rechnungswesen versus Controlling

	Rechnungswesen	**Controlling**
Zielsetzung	Rechnungsabschluss Basis für steuerliche Belange	Informationen für Planungs-, Ent-scheidungs- und Steuerungsaufga-ben
Empfänger	Externe, z. B. Behörden, Banken, Aktionäre	Interne, z. B. GL, Verwaltungsrat, Management, Mitarbeiter
Rechnungs-grössen	Aufwand- und Ertragsgrössen, durch gesetzliche Bestimmungen weitge-hend vorbestimmt	Kosten- und Erlösgrössen gemäss Zielvorgaben
Informations-bereitstellung	Normalerweise einmal jährlich	Aktuell, gezielt flexibel für die ent-sprechende Planungs- und Entschei-dungssituation

Die im Deutschen nahe liegende Assoziation mit Kontrolle ist falsch: Controlling kontrol-liert auch (aber nicht nur). Primär ist es die interne Unternehmenssteuerung.

Controller leisten für das Management betriebswirtschaftliche Unterstützung zur zielorien-tierten Planung und Steuerung. Das heisst:

- Controller sorgen für Transparenz bezüglich der Betriebsergebnisse und Strategien.
- Controller koordinieren nicht nur die ganzheitliche Zielerreichung, sondern koordinie-ren auch Teilziele und Teilpläne in den Fachabteilungen.
- Controller stellen die Informationsversorgung des Managements sicher.
- Controller tragen zu mehr Wirtschaftlichkeit bei, indem sie den Führungskräften er-möglichen, die ökonomische Verantwortung besser wahrzunehmen.
- Controller sind interne, betriebswirtschaftliche Berater für das Management.

Controlling umfasst die ergebnisorientierte und wertorientierte Planung und Kontrolle als Meta-Führungsfunktion sowie die Koordination der Informationsversorgungsfunktion.

Das Controlling ist somit unter anderem verantwortlich für die Erstellung eines Budgets und die Überprüfung der budgetierten Zahlen im Sinne der Planung. Die Fachabteilung ist für die Einhaltung verantwortlich.

1.3 IT-Controlling

Wenn in der Informatik der Begriff Controlling fällt, so wird im gleichen Atemzug meist auch von IT-Controlling gesprochen. Es macht Sinn, diesen Begriff zu erklären.

Das IT-Controlling entstand in den 80er-Jahren und sollte zunächst dazu dienen, die Macht der EDV-Abteilungen zu beschränken, die zunächst das Informationsmonopol in der Unter-nehmung innehatten.

Es ergab sich dabei das Problem, dass die EDV-Abteilungen die Informationen primär nach ihren eigenen Zielsetzungen verteilten, was den Zielen der Gesamtunternehmung nicht immer entsprach. Mit zunehmender Wichtigkeit der Datenverarbeitung wurde es also erforderlich, auch diesen Bereich mit Hilfe des Controllings zu steuern und zu prüfen.

Weiter kam hinzu, dass die Informatik eine einzige Kostenstelle darstellte, wo alle Kosten aufliefen. Wofür wurden diese Kosten verwendet und wohin flossen sie?

IT-Controlling hat im eigentlichen Sinn nicht das Recht, anders zu funktionieren wie das «normale» Controlling.

Tatsache ist, dass die Organisationsformen und Managementprozesse in einer Informatik den normalen rund 10 Jahre hinterherhinkten, weil die Informatik von sich immer behauptete, anders funktionieren zu müssen als die übrige Unternehmung. Ein Denkansatz, der heute verschwunden ist.

IT-Controlling wurde als eigene Disziplin eingeführt, um diesen Mangel zu beheben und vor allem in der IT für Transparenz zu sorgen.

1.4 Budgetierung – Kernpunkte

Budgetierung bedeutet im angelsächsischen Raum: «budgeting» = «profit planning and control».

Unter Budgetierung versteht man die periodisierte Vorgabe von Plangrössen wie Gewinn, Kosten, Erlöse oder Leistungen für die einzelnen Verantwortungsbereiche in Unternehmen. Nachfolgend soll das Zusammenspiel zwischen Budgetierung und Controlling kurz aufgezeigt werden.

Die zukünftigen Leistungen und Kosten eines Unternehmens müssen geplant werden. Die Budgetierung ist daher mit dem Planungszyklus des Unternehmens verbunden (vgl. Abbildung 2-1, S. 20 in Kapitel 2). Ohne Planung kein Budget und ohne Budget keine Planung.

Die Budgetierung verteilt die Gesamtpläne auf die einzelnen Kostenstellen (Teilpläne) und schafft damit Transparenz für Kosten und Leistungen in überschaubaren Grössenordnungen.

Die budgetierten Werte werden in regelmässigen Abständen (in der Regel monatlich) mit den tatsächlichen Werten verglichen. Dieser Vergleich zeigt Abweichungen zwischen Ist und Soll auf.

Die Abweichungen werden durch das Controlling analysiert und mit den Kostenstellen- bzw. Budgetverantwortlichen geklärt.

Der Controller und der jeweilige Verantwortliche legen gemeinsam einen Massnahmenkatalog fest, um den Abweichungen entgegenzusteuern, und ergänzen damit den entsprechenden Plan.

Das Budget umfasst die Gesamtheit von Ressourcen, die einem organisatorischen Verantwortungsbereich für einen bestimmten Zeitraum zur Erfüllung der ihm übertragenen Aufgaben durch eine verbindliche Vereinbarung zur Verfügung gestellt wird.

Das heisst, ein Budget ist immer zielgerichtet auf ein Ergebnis ausgelegt. Budgetiert wird beispielsweise der Ressourcenbedarf einer Abteilung, der von dieser für die Erreichung des Jahreszieles benötigt wird.

1.5 Die Aufgaben des Budgets

Aus dem bisher Gesagten lassen sich folgende Aufgaben ableiten, die das Budget abdecken muss. Ein Budget ist

- das beste Mittel für den Einsatz der Schlüsselreserven, insbesondere des Personals. Das Budget ist das zentrale Instrument, um den Menschen überhaupt produktiv zu machen.
- das beste Mittel für die vorauslaufende Koordination aller Tätigkeiten eines Bereichs oder der Firma. Reorganisation ist «die Folgen bekämpfen», wenn die Teile nicht zusammenspielen. Dabei sollte bereits bei der Budgetierung die Koordination zielgerichtet angestrebt werden.
- das beste Mittel für die Integration des Personals – hier wird festgelegt, wer was macht mit wem und wie. Auch die Integration eines Bereichs mit dem «Rest» wird hier vorgesehen und vorgenommen.
- das beste Mittel, um festzustellen, ob und wann man Pläne revidieren muss (Budget-Abweichungen). Dazu gehört nicht nur das Überwachen der Abweichungen, sondern auch die Überprüfung zugrunde liegender Annahmen.
- ein gutes Mittel zur Kommunikation. Oft weiss man nicht, über was kommuniziert werden muss. Das Budget gibt mit seinen Auswirkungen und Folgen einen Gegenstand zur Kommunikation.

1.6 Funktionen des Budgets

Die Funktionen, oder besser gesagt die Nutzen des Budgets lassen sich wie folgt benennen:

- Orientierungs- und Entscheidungsfunktion:
  Das Budget hilft den Entscheidungsträgern, zukünftige Entwicklungen abzuschätzen und die Ergebnisse von getroffenen Massnahmen abzubilden.
- Integrations- und Koordinationsfunktion:
  Abstimmung des Ressourcenbedarfs bzw. Verteilung der verfügbaren Ressourcen innerhalb einer Unternehmung und Erkennen von Synergiepotenzial.
- Motivationsfunktion:
  Durch Identifikation der Betroffenen mit den budgetierten Vorgaben kann ein Motivationseffekt erzielt werden, der zu Leistungssteigerungen führt (bspw. erreichen bzw. übertreffen von Umsatzbudgets).
- Kontrollfunktion:
  Durch periodische Abweichungsanalyse von Ist- und Budgetwerten können Entwicklungstrends erkannt und dadurch frühzeitig notwendige Massnahmen eingeleitet werden.

1.7 Das Budget als Führungsinstrument

Das Budget und der Budgetierungsprozess dürfen nicht ausschliesslich als Instrument der Finanzleute und Controller betrachtet werden, sondern sie sind als eines der wichtigsten Tools für den Manager, das heisst für jede Führungskraft, zu verstehen. Erfahrene Manager organisieren darum herum Planung und Arbeit, unerfahrene Manager lernen so ihren Verantwortungsbereich am besten kennen.[1]

[1] Quelle: Malik, Fredmund (2001): Führen, Leisten, Leben: Wirksames Management für eine neue Zeit.

Wenden wir uns wieder unserem Beispiel zu:

Beispiel

Sepp Huber muss also ein Budget für den Service Mail erstellen, in dem alle Ressourcen aufgeführt sind, die dieser Service Mail benötigt.

Damit er der Forderung des Mutterhauses nach periodischem Reporting nachkommen kann, muss er einen Controllingprozess innerhalb der Servact AG initialisieren.

Herr Klein meint, seine Sekretärin könnte das noch nebenbei erledigen und dann der Holding übergeben.

Sepp ist da ganz anderer Meinung, denn die Budgetierung muss ein Führungsinstrument für Herrn Klein sein. Er könne zwar die Ausführung der Budgetierung an eine entsprechende Fachkraft (Controllingstelle) abgeben, aber die Verantwortung für das dezentrale Controlling sowie das Budget liegt ganz klar bei Herrn Klein. Weiter ist Controlling nicht eine Aufgabe, die so nebenbei erledigt werden kann, und sie benötigt entsprechendes Fachwissen.

Budgetierung liefert Angaben für den Steuerungs- und Managementprozess einer Unternehmung.

Das Budget liefert die Plandaten, auf die sich das Controlling stützt, um entsprechende Soll-Ist-Berechnungen durchführen zu können.

Die gestellten Anforderungen an eine Fachabteilung und die vorgegebenen Ressourcen müssen in einem Gleichgewicht stehen, da sonst die Fachabteilungen vor einer unlösbaren Aufgabe stehen.

Die Budgetierung muss für einen optimalen Nutzen aktiv in den normalen Führungsprozess eingebunden sein.

Repetitionsfragen

1	Worin besteht der Zusammenhang zwischen Controlling und Budgetierung?
7	Was für Nutzen bringt ein Budget für den Führungsprozess?
13	Was verstehen Sie unter dem Budgetdilemma?
19	Wer ist für die operative Einhaltung eines Budgets verantwortlich?
25	Was passiert, wenn eine Unternehmung über keine Budgetierung verfügt?

2 Voraussetzungen für die Budgetierung

2.1 Controllingprozess

Die Budgetierung setzt in den meisten Fällen einen Controllingprozess voraus. Vergleiche vorangehende Ausführungen.

2.2 Kostenrechnung

Für die Budgetierung ist eine funktionierende Kosten- und Leistungsrechnung (oder kurz: Kostenrechnung) eine Voraussetzung. Nachfolgend eine schematische Darstellung der Kostenrechnung:

[2-1]   Schema der Kostenrechnung

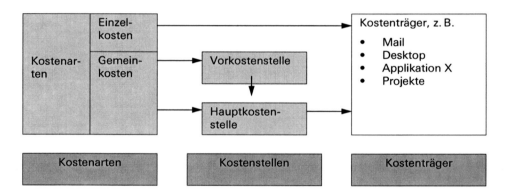

Mit der Kostenrechnung ist z. B. Ende Jahr ersichtlich, welche Dienstleistung (Kostenträger) von welchen Abteilungen (Kostenstellen) erbracht wurde und wie viel diese Abteilungen von welchen Ressourcen (Kostenarten) verbraucht haben.

Kostenarten, Kostenstellen und Kostenträger sind die drei Bereiche der Kostenrechnung. Jeder Bereich muss beim Aufbau einer Kostenrechnung so definiert werden, dass eine lückenlose und verursachungsgerechte Verrechnung der Kosten auf die Kostenträger (Produkte, Dienstleistungen) möglich ist.

Hinweis

▷   Der Kostenrechnung wird nachfolgend ein ganzer Teil (Kapitel 8, S. 64) gewidmet und soll hier nur schematisch und stark vereinfacht dargestellt werden. Die Kunst der Kostenrechnung ist es meistens herauszufinden, wie z. B. die Ressourcen gerecht auf die Kostenstellen verteilt werden können (Umlageschlüssel). Dazu aber später mehr.

Eine verursachungsgerechte Verrechnung setzt eine sachgerechte Gliederung der Kostenarten, Kostenstellen und Kostenträger voraus. Nachfolgend die Übersicht, was in diesen drei Bereichen zu beachten ist.

Für eine sachgerechte Gliederung der Kostenarten ist zu beachten:

- Kosten müssen korrekt auf die Kostenarten verbucht werden.
- Eventuell müssen zusätzliche Kostenarten in den Kostenartenplan aufgenommen werden, um eine korrekte Budgetierung zu erhalten.
- Es besteht ein Optimierungsproblem. Wenn die Kostenarten zu fein aufgeteilt werden, so ergibt dies einen grossen Aufwand, sie zu pflegen. Wenn anderseits die Kostenarten zu grob aufgeteilt wurden, dann lassen sich nicht mehr alle Kosten einwandfrei zuordnen.

Für eine sachgerechte Gliederung der Kostenstellen ist zu beachten:

- Kostenstellen sind abgrenzbare Verantwortungsbereiche der Unternehmung.
- Die Kosten der Kostenarten müssen korrekt auf die Kostenstellen verbucht werden.
- Art der Kostenstelleneinteilung und Gliederungstiefe sind betriebsindividuell zu bestimmen und sind abhängig vom Rechnungszweck.
- Es besteht ein Optimierungsproblem. Wenn die Kostenstellen zu fein aufgeteilt werden, so ergibt dies einen grossen Aufwand, sie zu pflegen. Wenn anderseits die Kostenstellen zu grob aufgeteilt wurden, dann lassen sich nicht mehr alle Kosten einwandfrei zuordnen.

Für eine sachgerechte Gliederung der Kostenträger ist zu beachten:

- Kostenträger sind verrechenbare Einheiten an den Kunden.
- Die Kosten der Kostenarten und Kostenstellen müssen korrekt auf die Kostenträger verbucht werden.
- Art der Einteilung und Gliederungstiefe sind betriebsindividuell zu bestimmen und sind abhängig vom Rechnungszweck.
- Es besteht ein Optimierungsproblem. Wenn die Kostenträger zu fein aufgeteilt werden, so ergibt dies einen grossen Aufwand, sie zu pflegen. Wenn anderseits die Kostenträger zu grob aufgeteilt wurden, dann lassen sich nicht mehr alle Kosten transparent ausweisen.

Zurück zu unserem Beispiel:

Beispiel

Kostenarten

Bis anhin hat die Servact AG lediglich eine Finanzbuchhaltung geführt. Den relativ grob gegliederten Aufwendungen standen als Ertrag die Entlastungszahlungen des Mutterhauses gegenüber. Es war allerdings nicht ersichtlich, was für Arten von Ressourcen für was oder wen beschafft wurden. Sepp muss also zuerst entsprechende Kostenarten definieren, die es ihm ermöglichen festzustellen, wie viel z. B. für Hardware oder für Verbrauchsmaterial total ausgegeben wurde. Sepp wählt hierfür:

- Lohnkosten
- Hardwarekosten
- Kommunikationskosten
- Lizenzkosten
- Mietkosten
- Abschreibungskosten
- Zinskosten

Kostenstellen

Weiter müssen Kostenstellen definiert werden, auf die die einzelnen Kostenarten gebucht werden können. Dadurch wird ersichtlich, wie viel die Abteilung x mit der Kostenstelle x von der Kostenart y verbraucht hat.

Es müssen also Verrechnungs- und Buchungsabläufe definiert werden, damit dies korrekt funktioniert. Eine Anpassung der Buchhaltung ist für die Servact AG zwingend. Sepp sieht vor, dass zumindest für jede Abteilung eine eigene Kostenstelle bestehen soll:

- Engineering
- Entwicklung
- Betrieb
- Administration
- Führung

Kostenträger

Die Kostenträger kann Sepp noch nicht definieren, da zu diesem Zeitpunkt noch nicht klar ist, welche Leistungen die Servact AG abgibt. Wer definiert diese? Kann es wirklich Sepp sein? Wohl kaum. Es ist eine Marketingaufgabe, welche Dienstleistung eine Unternehmung verkaufen und abgeben will. So wendet sich Sepp an Herrn Klein.

Herr Klein reagiert sofort, denn die Holding sitzt ihm scharf im Nacken. In einer Wochenendaktion, zusammen mit den Direktunterstellten von Herrn Klein, wird auf dem Landsitz von Herrn Klein (nicht umsonst ist Herr Klein der Schwiegersohn des Vorstandsvorsitzenden der Handels Holding) ein Dienstleistungsportfolio definiert. Nun stehen folgende Services und damit Kostenträger fest:

- Desktop (Lan-Server und Desktopsysteme, Notebooks etc.)
- Mail
- Internet
- HANDI (Kernapplikation der Handels Holding)
- BUHI (Buchhaltungsprogramm der Handels Holding)
- Projekte (Benützerprojekte)

Eine der wichtigsten Voraussetzungen der Budgetierung ist also, dass ein funktionierendes Kostenarten-, Kostenstellen- und Kostenträgersystem besteht, damit die Kosten dort ausgewiesen werden können, wo sie entstehen.

Beispiel

Das Schema, das Sepp zum Beispiel für den Service Mail anstreben muss, präsentiert sich anhand der bisher gefundenen Angaben wie folgt:

[2-2]   Schema Kostenrechnung

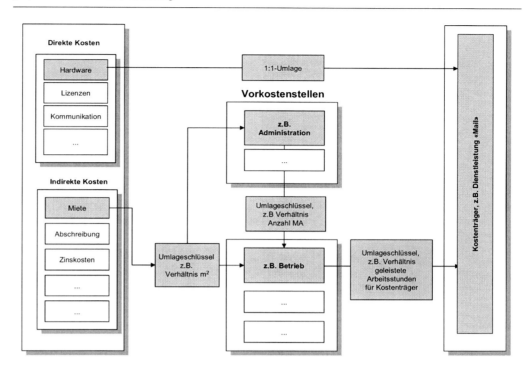

Obige Abbildung zeigt die Kostenrechnung mit dem Beispiel der Umlage der indirekten Kosten Miete (für Räume) auf die Kostenstellen und mit dem Beispiel der Umlage von der Kostenstelle «Betrieb» auf den Kostenträger «Mail».

Budgetierung setzt eine funktionierende Betriebsbuchhaltung voraus. Es müssen Kostenarten, Kostenstellen und Kostenträger definiert werden und es muss geklärt werden, welche Kosten direkt und welche Kosten indirekt (via Kostenstellen) auf die Kostenträger verrechnet werden.

Bei der Einführung von Controlling, Betriebsbuchhaltung, Budgetierung muss unter Umständen die Ablauf- und Aufbauorganisation des Unternehmens angepasst werden.

Repetitionsfragen

31	Für was wird die Kostenträgerrechnung in der Budgetierung benötigt?
37	Was sind Umlageschlüssel?
43	Wieso müssen Kostenarten unterschieden werden?
49	Wieso müssen Kostenstellen unterschieden werden?
55	Wieso müssen Kostenträger unterschieden werden?

3   Budgetsysteme

3.1   Die wichtigsten Bestandteile und ihre Zusammenhänge

Wie viele Budgets braucht eine Unternehmung? Oder anders herum: Was muss alles budgetiert werden? Als Beispiele können genannt werden:

- Absatzbudget (Welche Produkte/Dienstleistungen in welchen Mengen zu welchen Preisen?)
- Fertigungsbudget (Welche Produkte/Dienstleistungen sollen mit welchen Kosten selbst hergestellt werden?)
- Materialbudget (Welches Material wird dabei verbraucht?)
- Beschaffungsbudget (Welche Materialien, Waren usw. müssen in welchen Mengen und zu welchen Preisen beschafft werden?)
- Fertigungslohnbudget (Wie viele Löhne werden voraussichtlich gezahlt werden müssen? Wie viele Überstunden werden zusätzlich benötigt?)
- Forschungs- und Entwicklungsbudget (Planung der Kosten für Forschung und Entwicklung)
- Verwaltungs- und Vertriebsbudget (Planung der Verwaltungs- und Vertriebskosten)
- Investitionsbudget (Planung der Investitionen)

Nachfolgende Grafik zeigt das Zusammenspiel dieser einzelnen Budgets:

[3-1]   Globales Budgetsystem einer Unternehmung

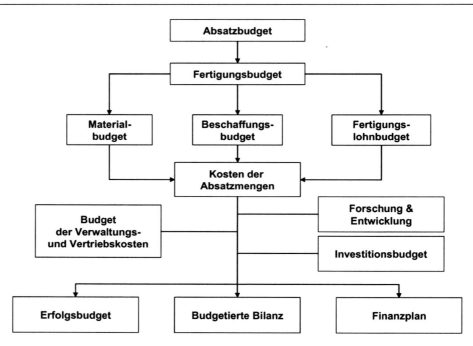

Diese Budgets sind Beispiele für Einzelpläne, die bestimmte Aspekte des Betriebsprozesses genauer ausleuchten. Diese Einzelpläne müssen schliesslich zu jenen Gesamtplänen zusammengeführt werden, mit denen das Rechnungswesen die Ist-Entwicklung dokumentiert.

Auf der Betriebsebene (für die einzelnen Abteilungen und Produkte bzw. Dienstleistungen) sind das die budgetierten Kosten und Leistungen, und auf der Unternehmensgesamtebene die andern Gesamtpläne (budgetierte Erfolgsrechnung, budgetierte Bilanz, Budget der Finanzmittel):

- Budgetierte Kosten und Leistungen (Erfolgsbudget, betrieblich)
- Budgetierte Erfolgsrechnung (Erfolgsbudget, gesamthaft)
- Budgetierte Bilanz
- Budget der Finanzmittel (= Finanzplan)

Dabei ist zu beachten, dass zwischen diesen Budgets grosse gegenseitige Abhängigkeiten bestehen, weshalb von einem «Budgetsystem» zu sprechen ist. Würde die Budgetierung beispielsweise nur auf den Erfolg ausgerichtet, so gäbe sie nur ein Teilbild mit Einzelaspekten wieder. Erst die Ausrichtung auf die Gesamtzusammenhänge vermag die notwendige Einsicht in Hinblick auf Beziehungsstrukturen und Wirkungsmechanismen zu verschaffen.

Nachfolgend eine genauere Beschreibung einiger Budgetarten:

Die budgetierte Erfolgsrechnung

Die budgetierte Erfolgsrechnung weist den geplanten Aufwand, Ertrag sowie den geplanten Erfolg aus.

Das Investitionsbudget

Das Investitionsbudget besteht aus einer Zusammenstellung der verschiedenen Investitionsprojekte mit Angabe der voraussichtlichen Investitionssumme, des Dringlichkeitsgrads der Investition und des voraussichtlichen Zeitpunkts der liquiditätswirksamen Zahlungsverpflichtung. Aus dem Investitionsbudget geht ein grosser Teil des finanziellen Mittelbedarfs hervor.

Die budgetierte Bilanz

Mit Hilfe der budgetierten Bilanz sind vor allem die Entwicklung des Eigenkapitals, mögliche Veränderungen im Verschuldungs- und Deckungsgrad sowie in den Liquiditätsgraden vorwegzunehmen und unter Umständen durch geeignete Massnahmen zu beeinflussen.

Das Budget der Finanzmittel

Das Budget der Finanzmittel (bzw. auch: die budgetierte Mittelflussrechnung) ist vor allem wichtig, um nicht in kurzfristige Liquiditätsengpässe zu geraten. Dieses Budget hält die geplanten Einnahmen und Ausgaben und deren Prioritäten (oder die zeitliche Abhängigkeiten) fest.

Hinweise

▷ Obige Aufzählung und das dargestellte Schema des Budgetsystems sind nicht abschliessend. Jede Unternehmung erstellt für sich individuell das nötige Budgetsystem.

▷ In diesem Modul interessieren wir uns hauptsächlich für die betriebliche Ebene, die durch die Kostenrechnung im Detail abgebildet wird. Beim Budgetieren werden dabei für die Elemente Kostenarten, Kostenstellen bzw. Kostenträger oft besondere Begriffe wie folgt verwendet:

Kostenarten	Budgetpositionen
Kostenstellen	Bereichsbudgets / Abteilungsbudgets
Kostenträger	Produktebudgets / Projektbudgets

Den Zusammenzug der Budgets auf der Unternehmensgesamtebene (budgetierte Erfolgsrechnung, Bilanz bzw. Mittelflussrechnung) werden wir im Weiteren meistens ausblenden.

3.2   Differenzierung von Budgets

Budgets weisen verschiedene Merkmale auf, nach denen sie unterteilt werden können. Hier eine Zusammenstellung von Kriterien und Ausprägungen, die zum Teil bereits erwähnt wurden.

[3-2]   Differenzierung von Budgets[1]

Budgetierungsobjekte	• Funktionen, Prozesse, Produkte, Regionen oder als horizontale Differenzierung • Hierarchieebenen der Unternehmung als vertikale Differenzierung • Projekte als «zeitlich begrenzte» Budgets
Budgetzeiträume	• Monatsbudget • Quartalsbudget • Jahresbudget • Mehrjahresbudget
Wertekategorien	• Ausgabenbudget • Kostenbudget • Deckungsbeitragsbudget • Umsatzbudget • Investitionsbudget
Verbindlichkeitsgrade	• Vorgabe fester Zielgrössen (Etat) • Vorgabe von Orientierungsgrössen
Bindung an Bezugsgrössen	• Starre Budgets für einen bestimmten Beschäftigungsgrad • Flexible Budgets für schwankende Beschäftigungsgrade

3.3   Multidimensionale Budgetsysteme

Von den vorangehenden Kapiteln wissen wir nun, dass es verschiedene Arten von Budgets gibt, die am Schluss verdichtet werden (Abbildung 3-1, S. 24).

Zu dieser Dimension kommt noch eine weitere hinzu. Gerade das Investitionsbudget wird nicht nur von einer Stelle budgetiert, sondern von verschiedenen Organisationseinheiten:
- Ein Leiter System Engineering budgetiert IT-Investitionskosten für die Ablösung bestehender, veralteter Systeme.
- Ein Projektleiter budgetiert die Investitionen seines Projekts.
- Der Hausdienst budgetiert Investitionen am Gebäude.
- etc.

Es ist Aufgabe des Budgetsystems, die einzelnen Budgets zusammenzuziehen und konsolidiert weiter zu verarbeiten. Man nennt solche Budgets auch «Masterbudgets». Es entsteht somit eine organisatorische Dimension, die nachfolgende Grafik verdeutlichen soll:

[1]   In Anlehnung an Horváth, Péter (1998), S. 227.

[3-3]   Multidimensionale Budgetsysteme

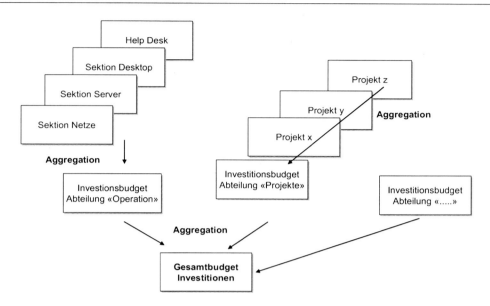

Budgets von Projekten spielen eine zentrale Rolle. Eine wichtige Aufgabe des so genannten Projektcontrollings oder Projektportfoliomanagements ist es, die Budgets der einzelnen Projekte genau zu erfassen und konsolidiert auszuweisen und zu kontrollieren.

Damit jedoch nicht genug. Befinden wir uns in einem hoch dynamischen Umfeld, so muss eventuell in sehr kurzer Zeit ein einzelnes Budget laufend überarbeitet werden (z. B. wenn es um Absatzpreise geht). Geht es jedoch um einen Bereich, der mehr oder weniger stabil ist (z. B. Beschäftigungszahlen), so genügt eventuell eine jährliche Überarbeitung.

Dadurch erhalten wir folgende Dimensionen, die ein Budgetsystem abdecken muss:

* Sachliche Dimension
  Budgetsysteme müssen entworfen werden. Das heisst: Was muss alles budgetiert werden und wie hängen die Budgets miteinander zusammen?
* Organisatorische Dimension
  Die organisatorische Feinverteilung muss geregelt werden. Das heisst: Wie werden die einzelnen Budgets verdichtet und auf welche Kostenstellen verteilt?
* Die Budgetierung muss in zeitlicher Ablauffolge geplant und durchgeführt werden. Diese einzelnen Budgets widerspiegeln die kurzfristigen und langfristigen Planungsaspekte.

Um diese Komplexität zu bewältigen, sind umfangreiche Modelle und Informatikunterstützung notwendig sowie entsprechende Verantwortliche.

Zurück zu unserem Beispiel:

Beispiel

Bis anhin war es ja so, dass für die Servact AG kein Budgetsystem vorhanden war.

Damit Herr Klein jeweils das Mutterhaus informieren konnte, wie viel für das laufende Jahr benötigt wurde, genügte es, via Mail seine Direktunterstellten anzufragen und die Angaben verdichtet weiterzuleiten. Dies wird nicht mehr genügen.

Damit ein funktionierendes Reporting auf die Beine gestellt werden kann, muss zuerst das Budgetsystem vorhanden sein, worin ersichtlich ist, wer welche Angaben zu liefern hat.

Die nötigen Angaben hat Sepp aufgrund der vorhergehenden Untersuchungen erhalten, wie:

- Kostenarten
- Kostenstellen
- Kostenträger

Die Kostenstellenverantwortlichen müssen also auf irgendeinem Weg angeben, wie viel sie von einer Kostenart benötigen und für welche Kostenträger diese gedacht sind.

Eine Möglichkeit hierfür wäre folgendes Budgetierungssystem. Jeder Kostenstellenverantwortliche budgetiert pro Service (Kostenträger) die erwarteten Kosten:

[3-4]   Zusammenführung zu einem Masterbudget (Beispiel 1)

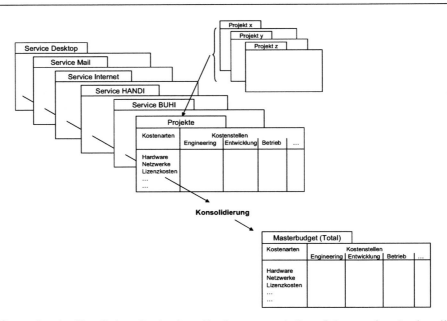

Dieses System hat den Vorteil, dass die einzelnen Abteilungen gerade ihren Beitrag zu den einzelnen Kostenträger budgetieren könnten. Somit wäre die Budgetierung der einzelnen Kostenträger gleich miterledigt. Jedoch muss jede Abteilung mehrere Budgetblätter ausfüllen.

Der Projektcontroller muss die anstehenden Projekte entsprechend der Budgetierung zusammenziehen. Wichtig ist in diesem Fall die Absprache, dass die Personalaufwände für diese Projekte nicht auch durch die einzelnen Abteilungen verbucht werden.

Für die Administration und die Führung müsste jedoch ein erweitertes Budgetblatt erstellt werden, da hier voraussichtlich Investitionen und Aufwände z. B. für Gebäude und Mobiliar budgetiert werden. Kostenarten, die von den anderen Abteilungen nicht betrachtet werden.

Das System bringt jedoch einen erhöhten Koordinationsbedarf zwischen den Abteilungen. Wer z. B. budgetiert die Investitionskosten eines Service? Entweder ist es das Engineering, das Projekt oder der Betrieb. Wo es schlussendlich zu Buche schlägt, ist vermutlich Ansichtssache.

Gleichzeitig wird dieses System auch ausweisen, wie viel das Gesamtbudget einer Abteilung und der gesamten Unternehmung betragen wird.

Einen Haken hat dieses System jedoch. Was passiert z. B. mit Personalaufwänden und Investitionen, die die einzelnen Abteilungen für sich benötigen (z. B. Erarbeitung Entwicklungsrichtlinien)? Dann müsste noch ein zusätzliches Budgetierungsblatt für «Eigenbedarf» erstellt werden. Das dürfte aber dann ziemlich unübersichtlich werden.

Ein anderer Ansatz wäre, dass jede Abteilung ihre Investitionen und Aufwände ungeachtet der Kostenträger ausweist. Damit verlagert sich jedoch das Problem zu den Verantwortlichen für den Service. Denn diese müssten sich vorher mit den einzelnen Abteilungen absprechen, damit diese auch wirklich alles budgetieren, und sie müssten für jeden Kostenträger ein zusätzliches Budget erstellen. Das Ganze dürfte dann so aussehen:

[3-5]   Zusammenführung zu einem Masterbudget (Beispiel 2)

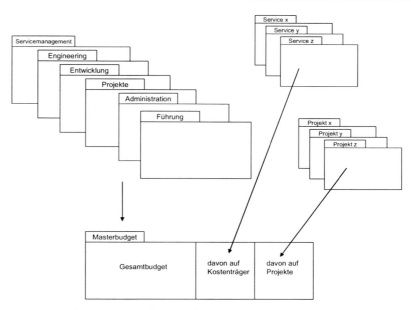

Eine gute und angepasste Variante für die Servact AG ist mit grosser Wahrscheinlichkeit die folgende:

[3-6]   Zusammenführung zu einem Masterbudget (Beispiel 3)

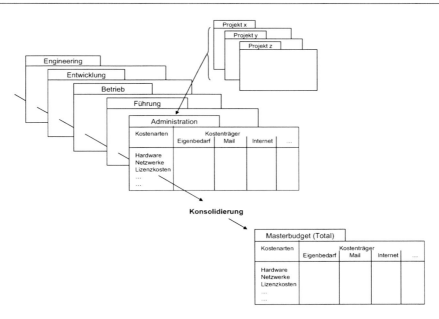

Egal welches Budgetierungssystem Sepp wählt, er definiert damit:

- Welche Kostenarten, Kostenstellen und Kostenträger sollen ausgewiesen werden (Granularität)?
- Wer budgetiert überhaupt welche Kostenarten?
- Wer muss alles budgetieren?

Bezüglich der zeitlichen Dimension geht Sepp davon aus, dass es genügt, diese einzelnen Budgets jährlich zu erstellen und zu überarbeiten.

Obiges Beispiel soll aufzeigen, wo die Probleme bei der Definition eines Budgetierungssystems liegen. Wichtig ist, dass die Komplexität nicht zu hoch sein darf. Weiter muss sichergestellt werden, dass die gleiche Position nicht an verschiedenen Orten doppelt budgetiert wird. Absprache ist unerlässlich.

Damit Plandaten mit Hilfe der Budgetierung erhoben werden können, muss ein so genanntes Budgetsystem vorhanden sein.

Eine Unternehmung erstellt nicht nur ein Budget, sondern mehrere, die am Schluss verdichtet ausgewiesen werden. Dabei muss jede Unternehmung individuell den eigenen Bedarf an solchen Budgets definieren.

Budgetsysteme weisen den einzelnen Fachbereichen oder Kostenstellen die nötigen Ressourcen zu und verdichten diese in Masterbudgets, die wiederum in obiges Gesamtbudget zusammengezogen werden.

Je nach Situation muss der Planungszyklus für die kurz- und langfristige Planung angepasst werden.

Ein Budgetsystem bestimmt somit eine

- sachliche Dimension. Das heisst, was muss alles budgetiert werden und wie hängen die Budgets miteinander zusammen. Weiter muss festgelegt werden, welche Berechnungsmodelle (Abschreibung etc.) zugrunde gelegt werden.
- organisatorische Dimension. Die organisatorische Feinverteilung ist zu regeln. Das heisst, wie werden die einzelnen Budgets verdichtet.
- zeitliche Dimension. Wie Budgetierung in zeitlicher Ablauffolge geplant und durchgeführt wird und wann welche Ergebnisse für die kurz- und langfristige Planung entstehen müssen.

Repetitionsfragen

61	Was beschreibt ein Budgetsystem?
2	Was ist der Unterschied zwischen einem Budgetsystem und einem multidimensionalen Budgetsystem?
8	Was ist eine Budgetposition?
14	Welche Dimensionen unterscheidet das Budgetierungssystem insgesamt?
20	Was ist ein Masterbudget?

Teil B   Einflussgrössen der Budgetierung

Einleitung, Lernziele und Schlüsselbegriffe

Zum Einstieg

In der Praxis hat man meistens nur wenig Berührungspunkte mit der Budgetierung. Häufig wird einem ein elektronisches Budgetformular vorgelegt, das man für eine Abteilung auszufüllen hat.

Man schickt das Budgetformular zurück, wo es herkam (wenn man überhaupt weiss, von wem es versandt wurde), und irgendwann, nach geraumer Zeit, erhält man es zurück.

Ein Blick genügt: Budget da gestrichen, dort gestrichen und und und ...

Es wäre ja vielleicht noch schön zu wissen, warum denn das Budget entsprechend zusammengekürzt wurde und wer dies alles entschieden hat.

Dieses Vorgehen muss nicht sein. Budgetierung ist auch eine grosse Kommunikationsaufgabe, die oft unterschätzt wird. In diesem Kapitel wird untersucht, was die Einflussgrössen der Budgetierung sind, also wer seinen Beitrag an das Budget leisten muss oder Interesse am Budget hat. Zusammenfassend kann man von Anspruchsgruppen sprechen. Es sind dies:

Anspruchsgruppen Budget

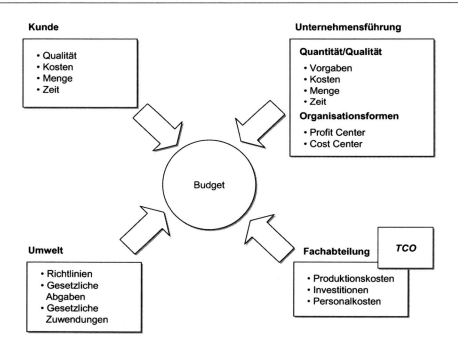

Lernziele und Lernschritte

	Lernziele	Lernschritte
☐	Einflussgrössen und Informationen für IT-Budgetierung (z. B. geplante Projekte, Systeme, Dienstleistungen, Services) sammeln und daraus die relevanten Faktoren für die Budgetierung ableiten.	Kennt die relevanten Informationen zur Ermittlung des Ressourcenbedarfs von bestimmten Leistungen/Dienstleistungen einer IT-Abteilung und kann erläutern, wie diese bei der Planung/Budgetierung berücksichtigt werden
☐	IT-Budgetierung auf die übergeordnete (Unternehmens-)Planung abstimmen (Termine, Wertepositionen, Vorgaben).	Kennt die Abhängigkeiten zwischen dem Unternehmen, den Fachabteilungen und der IT-Abteilung als Dienstleister im Unternehmen und kann darlegen, wie diese das Vorgehen bei der Planung/Budgetierung in einem Unternehmen beeinflussen
☐	Budgetierungsprozess durchlaufen und Ergebnisse (Budgetpositionen) für den Budgetentwurf aufbereiten.	Kennt Kriterien zur Überprüfung der Plausibilität und Nachvollziehbarkeit eines Budgets und kann aufzeigen, wie damit die Budgetqualität und -sicherheit gewährleistet werden kann

Schlüsselbegriffe

Anspruchsgruppen, budgetierte Kosten, Cost Center, direkte Kosten (i. S. TCO = budgetierte Kosten), Discretionary Expense Center, indirekte Kosten (i. S. TCO = unbudgetierte Kosten), Investment Center, Kundenbedürfnisse, Organisationsformen, Profit Center, quantitative Unternehmensvorgaben, Revenue Center, Total Cost of Ownership (TCO), Umwelteinflüsse, unbudgetierte Kosten, Unternehmensvorgaben

4 Kundenbedürfnisse

Kundenbedürfnisse sind dort abzuholen, wo sie entstehen: nämlich beim Kunden selbst. Dies bedeutet, dass zum Teil umfangreiche Erhebungen durchgeführt werden müssen. Es ist nicht Ziel dieser Abhandlung, alle Erhebungstechniken nochmals zu repetieren. Es sei hier auf andere Module verwiesen, z. B. auf das Modul 170.

Entscheidend ist jedoch, welche Daten erhoben werden müssen. Es geht in erster Linie um folgende Informationen:

- Dienstleistungsart
  Welche Leistungen möchte der Kunde von dem angebotenen Dienstleistungsportfolio beziehen? Wie sehen diese aus und was umfassen sie?
- Zeit
  Wann benötigt der Kunde diese Leistung? Möchte er sie auf Abruf oder in periodischen Abständen?
- Menge
  Wie viel von der jeweiligen Dienstleistung möchte der Kunde beziehen? Dies hat am Ende einen entscheidenden Einfluss auf den Preis.
- Qualität
  In welcher Qualität benötigt der Kunde die Dienstleistung? Qualität bedingt auch mehr Leistungsumfang und somit höhere Kosten.
- Kosten
  Wie viel ist der Kunde bereit zu zahlen und in welchen Mengeneinheiten wird gerechnet? Werden Stundenansätze verrechnet oder allenfalls Pauschalen verhandelt?

Optional können auch aus internen Aufzeichnungen, wie z. B. aus allenfalls bestehenden SLA (Service Level Agreements), Dienstleistungsverträgen oder früheren Abrechnungen entsprechende Informationen entnommen werden.

Für das Sammeln der Kundenanforderungen wird die gesamte Palette der Erhebungstechniken beansprucht.

Die Erstellung eines Erhebungskonzeptes gehört ebenso dazu wie das Wissen über die Anwendungsmöglichkeiten der einzelnen Techniken.

Die Kundenbedürfnisse sind deshalb so wichtig, da sich die Ausprägungen der budgetierten Leistungen mit den Kundenbedürfnissen decken sollten.

Repetitionsfragen

26	Wieso ist es wichtig, die Kundenbedürfnisse bei der Erstellung des Budgets zu kennen?
32	Wie beeinflussen die gewünschten Dienstleistungsarten die Budgetierung?
38	Wie beeinflussen die gewünschten Mengen die Budgetierung?
44	Wie beeinflusst die gewünschte Qualität die Budgetierung?
50	Wie beeinflussen die Kostenvorstellungen der Kunden die Budgetierung?

5   Total Cost of Ownership

Die Total Cost of Ownership (TCO) erfassen die Gesamtkosten einer (Informatik-)Lösung über die gesamte Lebensdauer, d. h. von der Beschaffung über den Betrieb bis zur Entsorgung. TCO bedeutet auf Deutsch so viel wie «Gesamtkosten der Nutzung».

Entstanden ist TCO, als man sich Gedanken machte, welche Kostenblöcke in einer IT-Abteilung versteckt sind. Man suchte Transparenz und hatte aber noch keine funktionierende Betriebsbuchhaltung, da die Informatik als eine einzelne Kostenart geführt wurde.

Total Cost of Ownership beinhaltet also die so genannten Lebenszeitkosten, die sich in etwa 20–35 % Beschaffungskosten und 65–80 % Nachfolgekosten aufteilen. Typische Nachfolgekosten in der IT sind bspw. Implementierung, Wartung, Training, Datensicherung, Erweiterungen, Anbindung an Backend-Systeme, nachträgliche Implementierungen, Systemausfälle etc.

Total Cost of Ownership (TCO) wurde durch die Gartner Group definiert und gilt heute als Standard für Ermittlung und Ausweis von Kostengrössen als strategische Entscheidungsgrundlagen. Mit dem TCO-Konzept lassen sich unterschiedliche Investitionsalternativen gegeneinander abwägen.

Ebenfalls kann der Ansatz des Total Cost of Ownership dabei helfen, die Kosten in budgetierte und nicht-budgetierte Kosten zu unterteilen bzw. investitionsbedingte Kosten von betriebsbedingten Kosten zu trennen.

Dort, wo eigenes Zahlenmaterial fehlt, wird oft auf Vergleichswerte und Schätzungen zurückgegriffen.

[5-1]   Übersicht TCO-Grundstruktur

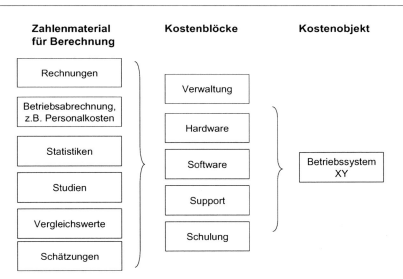

Auf den ersten Blick scheinen Analogien zwischen der Kostenrechnung und TCO gegeben. In der Tat, sie sind vorhanden, jedoch geht die TCO-Betrachtung von folgenden Grundsätzen aus:

- Berechnungsmaterial ist unvollständig:
  Es existiert keine Betriebsbuchhaltung für den untersuchten Bereich. Das heisst, nicht alle Angaben sind einfach zu erheben.
- Aufnahme Ist-Situation:
  Es ist meistens eine Aufnahme der Ist-Situation.

- Berechnung über einen längeren Zeitraum:
  Wenn man so will, kann man auch sagen, dass beim TCO Budgets über mehrere Jahren zusammengezählt werden und somit ein Durchschnittswert entsteht.
- Einmalige Berechnung:
  Es ist eine einmalige Berechnung eines Sachverhaltes.
- Untersuchung von nicht-budgetierten Kosten:
  Kosten für die Verwendung einer Dienstleistung beim Kunden werden mit einbezogen.

Somit ist der TCO-Ansatz meist eine Vergangenheitsbetrachtung (oder eine Projektion in die Zukunft aufgrund von Vergangenheitswerten) und die Budgetierung aber meist eine Zukunftsbetrachtung. Die TCO können immerhin Initialwerte für eine zukünftige Budgetierung liefern.

Der TCO-Ansatz betrachtet die totalen Kosten für ein System; dies beinhaltet nicht nur Soft- oder Hardwarekosten, sondern weitere, oftmals nicht klar isolierbare Kostenpositionen, wie folgendes Beispiel zeigt:

Ein PC-Arbeitsplatz für einen neuen Mitarbeiter wird eingerichtet:

- Es entstehen Aufwendungen für das Netzwerk, die anteilig angerechnet werden müssen.
- Es entstehen laufende Betriebskosten für diesen PC-Arbeitsplatz (Energie, Kommunikation, Serverbetrieb, Reinigung etc.
- Es entstehen Schulungskosten für den Mitarbeiter.
- Es entstehen Kosten für interne und externe Dienstleister für Supportarbeiten.
- Es entstehen Kosten für Arbeitszeit, die der Mitarbeiter dazu aufwendet, um Probleme mit Anwendungen oder Netzwerkinstallationen zu lösen.
- Es entstehen Kosten, wenn das System nicht zufrieden stellend funktioniert (Arbeitsausfälle).

5.1 TCO nach Gartner Group

Die Kosten einer IT-Infrastruktur werden in direkte, budgetierte Kosten und indirekte, unbudgetierte Kosten aufgeteilt.

Hinweis

▷ Bitte beachten Sie, dass direkte Kosten und indirekte Kosten im Rahmen des TCO-Konzepts eine etwas andere Bedeutung haben als im Rahmen der Betriebsrechnung (Kostenrechnung).

[5-2] Direkte und indirekte Kosten in Betriebsrechnung und TCO-Konzept

Begriff im Rahmen	Betriebsrechnung	TCO-Konzept
Direkte Kosten	Einzelkosten (direkt auf Kostenträger)	Budgetierte Kosten (i. d. R. mit Beleganfall erfassbar)
Indirekte Kosten	Gemeinkosten (zunächst auf Kostenstelle, dann erst auf Kostenträger)	Unbudgetierte Kosten (schwerer erfassbar, deshalb oft unbeachtet)

5.1.1   Direkte, budgetierte Kosten einer IT-Infrastruktur

Unter direkten Kosten sind alle Aufwendungen zu verstehen, die der jeweiligen EDV-Abteilung durch die Bereitstellung ihrer Leistungen gegenüber ihrem Unternehmen entstehen. Dazu zählen beispielsweise Abschreibungen für Hard- und Software, bezahlte Leasinggebühren sowie bezahlte Löhne und Gehälter. Direkte Kosten sind mit einem relativ hohen Genauigkeitsgrad bestimmbar, da sie in Form von Belegen (z. B. Rechnungen, Quittungen, Lohn- und Gehaltslisten) dokumentiert sind. Gartner Group definiert drei direkte Kostenkategorien:

Kostenkategorie Hard- und Software

Hardwarekosten umfassen Aufwendungen aus der Beschaffung und Anwendung von Hardware (Abschreibungen, Leasinggebühren, Upgrades, Ersatzteile, Betriebsstoffe wie Disketten oder Druckerkartuschen etc.) sowie Aufwendungen für Betriebssystemsoftware. Sie sind zu trennen in Hardwarekosten des gesamten Endanwenderbereichs und Hardwarekosten der EDV-Abteilung.

Softwarekosten umfassen Aufwendungen aus der Beschaffung und Anwendung von allen Softwarekategorien (Abschreibungen, Leasing- oder Lizenzgebühren für Anwendungssoftware, Datenbanksysteme, Executive Support-Systeme, Workflow Management-Systeme (inklusive Groupware) und Netzdienste). Sie sind getrennt für den Endanwenderbereich und die EDV-Abteilung auszuweisen.

Kostenkategorie Operations

Diese Kostenkategorie umfasst alle Aufwendungen für Mitarbeiter, die unmittelbar den Betrieb der jeweiligen IT-Infrastruktur sicherstellen. Es wird nicht unterschieden, ob es sich dabei um interne oder externe Mitarbeiter handelt (entsprechend Lohnkosten bzw. Kosten für Dienstleistungsbezüge von aussen).

Aus Transparenzgründen wird die Kostenkategorie Operations unterteilt in

* Aufwendungen für den technischen Service,
* Aufwendungen für IT-Planung und Prozessmanagement,
* Aufwendungen für Datenbankmanagement und
* Aufwendungen für Help-Desk-Services.

Kostenkategorie Verwaltung

In diese Kostenkategorie fallen alle Aufwendungen (primär für Löhne und Gehälter), die durch die Organisation und Verwaltung einer EDV-Abteilung entstehen. Es wird unterschieden zwischen

* Aufwendungen für finanzielle (z. B. Budgetierung) und verwaltungstechnische (z. B. Vertragsverwaltung) Aufgaben sowie für Organisation,
* Aufwendungen für IT-bezogene Schulungen von Mitarbeiter der EDV-Abteilung und
* Aufwendungen für IT-bezogene Schulung von Endanwendern[1].

---

[1] Die Kosten, die durch den Wegfall von Arbeitszeit entstehen, die die Endanwender für den Besuch von IT-Schulungsmassnahmen benötigen, sind hier nicht berücksichtigt. Diese Aufwände werden mit den indirekten Kosten erfasst.

5.1.2 Indirekte, unbudgetierte Kosten einer IT-Infrastruktur

Zu den indirekten Kosten gehört versteckter Wertverzehr, der durch nicht produktive Nutzung einer IT-Infrastruktur entsteht.

Beispielsweise durch Zeiten, die Endanwender auf die Durchführung von Selbst- oder Fremdhilfe (Self- bzw. Peer-to-Peer-Support) bei EDV-Problemen verwenden oder die sie wegen (IT-)Systemausfällen (Downtime) unproduktiv am Arbeitsplatz verbringen.

Indirekte Kosten sind zumeist schwer zu quantifizieren und deshalb werden sie häufig vernachlässigt. Daraus folgt, dass die tatsächlichen Kosten von IT-Infrastrukturen meist unterschätzt werden, was zu Fehlentscheidungen in Bezug auf Beschaffung und Betrieb von IT-Infrastrukturen führen kann.

Erhebungen haben ergeben, dass normalerweise nicht-budgetierte Kosten, die beim Endbenutzer entstehen, die gesamten Betriebskosten über eine Fünfjahresperiode noch einmal verdoppeln. Bei den Endbenutzerkosten dominieren in Prozent in Bezug auf die budgetierten Kosten:

- Futz-Faktoren («herumspielen», nicht zielgeleiteter Umgang des normalen PC-Benutzers mit seinem Computer, z. B. Voreinstellungen verstellen, mit Bildschirmschoner spielen, personalisieren etc.)   13%
- Training (Learning by Doing)   18%
- Manipulation an Systemressourcen wie Files   15%
- Entwicklung von endbenutzerunterstützenden Befehlssequenzen   14%
- Informelle Lernaktivitäten (Abschauen bei Kollegen)   12%

Gartner Group postuliert die explizite Berücksichtigung der indirekten Kosten einer IT-Infrastruktur in ihrem TCO-Modell, ohne aber die notwendigen Techniken und Methoden zur Erhebung dieser Kosten zu entwickeln. Gartner Group verweist auf die klassischen Erhebungstechniken, insbesondere empfiehlt sie die Durchführung von Interviews und Umfragen unter den betroffenen Endanwendern, dem Schulungspersonal sowie Erfahrungsaustauschgruppen aus verschiedenen Bereichen.

Die indirekten Kosten werden in zwei Kostenkategorien unterteilt:

Kostenkategorie End-User-Operations

In dieser Kategorie werden Kosten für Arbeitszeitausfälle erfasst, die durch den Besuch von IT-Schulungsmassnahmen sowie durch eigene Supportleistungen des Endbenutzers anfallen (vgl. die obige Listen).

Kostenkategorie Downtime

Die Kategorie Downtime umfasst alle Kosten, die aus dem Ausfall von Teilen einer IT-Infrastruktur (z. B. PCs, Netzwerke, Drucker) resultieren. Der Begriff Downtime repräsentiert die Zeitspanne, in der die Benutzer die für sie notwendigen Teile der IT-Infrastruktur nicht nutzen können.

5.1.3   Übersicht Grundstruktur TCO

[5-3]   Übersicht Grundstruktur TCO[1]

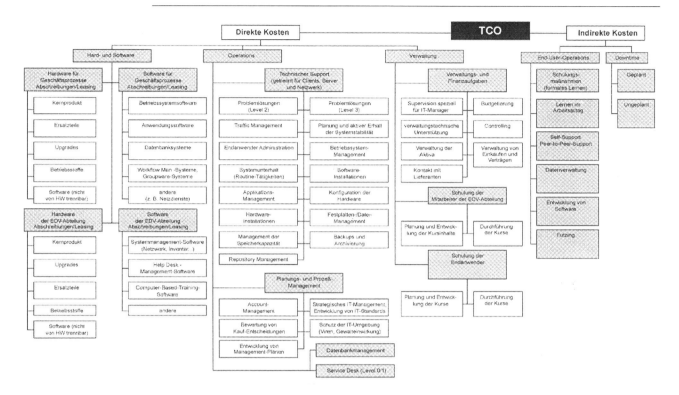

---

[1]   Chart of Account der Gartner Group nach dem «TCO Model v4.0»

5.2 TCO-Berechnungsmodelle im Überblick

Neben Gartner Group haben sich noch andere Modelle etabliert:

[5-4] Verschiedene TCO-Ansätze

Methode	Kostenblöcke
Forrester	• Verwaltung
	• Hardware
	• Schulung
	• Software
MS / Interpose	• Hardware
	• Software
	• Endbenützer
	• Verwaltung
	• Support
	• Downtime
	• Entwicklung
	• Kommunikation
Gartner Group	• Hard- und Software
	• Operations
	• Verwaltung
	• End-User-Operations
	• Downtime

Beispiel

Sepp möchte nun herausfinden, wie viel der Service Mail im Durchschnitt in den letzten Jahren dem Mutterhaus gekostet hat.

Dafür wäre es natürlich toll, er hätte Budgets aus den letzten Jahren, dann könnte er diese zusammenzählen und hätte einmal einen grossen Teil der TCO zusammen. Hätte, hat er aber nicht.

So gelangt Sepp wieder an Herrn Klein. Wer bringt ihm die Informationen, damit er die TCO, vor allem für den Service Mail, erstellen kann?

Herr Klein staunt. Jetzt habe er bei der Wochenendaktion zwölf seiner besten Flaschen Wein geopfert und nun sei doch noch nicht alles definiert. Sepp solle es doch machen. Und überhaupt, wer sei dieser TCO und für was brauche Sepp diesen?

Sepp klärt Herrn Klein auf und begründet diese Berechnung damit, dass es für die zukünftigen Verhandlung von Vorteil wäre zu wissen, wie viel der Service Mail im Durchschnitt gekostet habe. Dann könnten auch Relationen zu den beantragten, zusätzlichen Investitionen geschaffen werden. Weiter liefert TCO auch einen Initialwert für die zukünftigen Budgetierung. Jedoch, argumentiert Sepp, wenn er anfangen würde, diese Angaben zu erheben, so würde er anfangen, die Unternehmung zu führen, das sei aber die Aufgabe von Herrn Klein. Sepp könne nur das «Auto» zur Verfügung stellen, «fahren» müsse Herr Klein schon selber.

Somit steht die Servact AG vor dem Problem, dass sie zwar Dienstleistungen definiert hat, jedoch niemand diese steuert und überwacht. Servicemanagement wäre das Zauberwort und so werden in der Servact AG entsprechende Personen zu Servicemanagern ernannt, die diese Informationen erheben und den Service selbst steuern müssen.

Es wird eine neue Abteilung Servicemanagement geschaffen, die natürlich auch eine Kostenstelle erhält.

Nun fängt es an, Sepp zu gefallen. Jetzt kommt Fleisch an den Knochen. Zusammen mit den neu ernannten Servicemanagern werden die relevanten Kosten zusammengestellt, vorerst für den Service Mail.

Nachfolgend das Beispiel für den Service Mail. Gerechnet wird über drei Jahre, das heisst, die Infrastruktur ist über den Zeitraum der Berechnung vollständig abgeschrieben. Zudem hat man herausgefunden, dass etwa zwei Tage Downtime pro Jahr eingerechnet werden müssen. Während diesen Downtime lief jeweils im Mutterhaus die Produktion nur noch mit 60 %:

[5-5]   Berechnung nach TCO-Konzept (Beispiel Service Mail)

Kategorie	Position	Betrag	Berechnungsgrundlage
Direkte Kosten			
Technischer Support	Interne Ausbildung	20	Statistischer Wert
	Kommunikationsverbindungen	40	Hochrechnung der Leitungskosten
	Betrieb und Unterhalt	300	Hochrechnung der MA-Kosten
Hardware &	Server (inkl. Projekt und Tape)	160	Rechnungen
Software	OS	5	Rechnungen
	Mailsoftware Beschaffung	50	Rechnungen
	Lizenzgebüren 3 Jahre	60	Hocherechnen der Lizenzgebüren
Verwaltung	Administration	100	Annahme
	Führung	200	Annahme
		935	
Indirekte Kosten			
User	400 User	400	Annahme
Downtime	2 Tage downtime / Jahr	263	Hochrechnung MA-Stunden
		663	
Total TCO		1598	Direkte und indirekte Kosten

Hinweis

▷   Downtime 400 MA · Fr. 100 000 / 365 · 2 · 3 Jahre · 40 %

Was kann Sepp nun aus diesem TCO-Wert herauslesen?

- Er kann abschätzen, was dieser Service pro Jahr für die Servact kosten wird, nämlich rund Fr. 311 000 (TCHF 935 / 3 Jahre) an direkten, budgetierten Kosten.
- Berücksichtigt man ausserdem die Schätzung der indirekten, nicht-budgetierten Kosten, so sind für den Service pro Jahr rund Fr. 532 000 (TCHF 1 598 / 3 Jahre) zu veranschlagen.
- Er kann abschätzen, was die Handels Holding pro Benützer und Jahr zu bezahlen hat, nämlich rund Fr. 777 bei 400 Benützer (TCHF 311 / 400).

Bitter, denkt Sepp, beim Provider «Whitedoor» zahlt man nur einen Bruchteil davon … Da sieht er für die beim Mutterhaus beantragten, zusätzlichen Fr. 500 000 mehr als schwarz.

Hinweis

▷   Die TCO hätten auch erhoben werden können, ohne eine Servicemanagementstruktur. So konnte Sepp aber diese neu geschaffenen Verantwortlichen gleich mit in die neue Thematik einführen.

5.3   Probleme bei der TCO-Ermittlung

- Begrenzte Zeit
  Müssen Daten für TCO in grossen Unternehmen mit manuellen Eingriffen erhoben werden, erweisen sich diese oft als wirkungslos: Bis alle Daten unternehmensweit aktualisiert sind, sind viele schon nicht mehr auf dem neusten Stand.
- Detaillierungsgrad, Vollständigkeit und Qualität
  Die Informationen, die zu einer solchen Betrachtung benötigt werden, werden im Haus nicht erhoben oder verstecken sich in IT-fremdem Zahlenmaterial.

- Interessenlagen
  Das Ergebnis einer TCO-Untersuchung wird von den Beteiligten mit verschiedenen Erwartungen verbunden, so dass die eigentlich nur bereichsübergreifend lösbare Aufgabe an Akzeptanzproblemen scheitert.
- Verlässlichkeit
  Der Aufwand der TCO-Erhebung wird aufgrund mangelnder methodischer Unterstützung falsch eingeschätzt und führt zu ungenauen und entscheidungsverzerrenden Überschlagsrechnungen.
- Die Aufbereitung des TCO-Themas durch die Zulieferindustrie und IT-Dienstleister erfolgt natürlich in Hinblick auf Marketingargumente, die nicht immer zu brauchbaren Analyseergebnissen führen müssen.

TCO berücksichtigen budgetierte Kosten (reale Kosten) und so genannte unbudgetierte Kosten, die hauptsächlich beim Benützer entstehen.

Das TCO-Modell ermöglicht eine Durchschnittsberechnung über die angefallenen Kosten über mehrere Jahre. Es ist in sich eine grobe Erhebungsmethode, welche Kosten für eine grobe Budgetierung eingesetzt werden können (Hinweis: TCO meist vergangenheitsbezogen, Budget meist zukunftsbezogen).

Es zeigt zudem die grössten Kostenblöcke an, in denen das grösste Sparpotenzial zu suchen ist (was ein Budget auch macht, jedoch nicht in einer durchschnittlichen Betrachtungsweise).

Das TCO-Modell ist auch dann anwendbar, wenn keine Betriebsbuchhaltung oder kein Budgetsystem besteht. Die Erhebung der nötigen Informationen wird dann aber umso aufwändiger.

Je nach Qualität des Zahlenmaterials und eventuellen Hochrechnungen von Kosten ist TCO immer mit Vorsicht zu geniessen und kritisch zu hinterfragen.

Die TCO-Betrachtung rundet das Bild ab, wie teuer nun eine Leistung dem Kunden insgesamt zu stehen kommt.

Repetitionsfragen

56	Was ist der Nutzen der TCO für die Budgetierung?
62	Was können weitere Nutzen sein?
3	Wo liegen die Probleme bei der TCO-Ermittlung?
9	Was sind unbudgetierte Kosten?
15	Worin unterscheiden sich die verschiedenen TCO-Modelle?

6 Weitere Einflussgrössen

6.1 Quantitative Unternehmensvorgaben

Die Unternehmung selber (oder einfacher gesagt die übergeordnete Organisationseinheit) definiert für die Budgetierung auch entsprechende Vorgaben:

- Absatzvorgaben
- Umsatzvorgaben
- Sparvorgaben
- Vorgaben über die Höhe der zur Verfügung stehenden Ressourcen

Später im Modul (Teil D) wird erläutert, dass es sich dabei um ein so genanntes Top-down-Vorgehen handelt. Das heisst überspitzt formuliert, die Unternehmung gibt entsprechende Zahlen vor und die einzelnen Abteilungen müssen «selber» schauen, wie sie diese erreichen wollen.

6.2 Unternehmensvorgaben über Organisationsformen

Durch die gewählten Organisationsformen der Fachabteilungen entsteht eine weitere Komponente, die bei der Budgetierung mit berücksichtigt werden muss.

Organisationseinheiten sind mit verschiedenen finanziellen Kompetenzen ausgerüstet, die wiederum Einfluss auf die Budgetierung besitzen. Nachfolgend eine Übersicht:

[6-1]   Organisationsformen[1]

	Budgetierung der Kosten	Budgetierung der Leistungen	Budgetierung der Investitionen	Budgetierung von Kosten und Leistungen in gegenseitiger Abhängigkeit
Cost Center	✔			
Revenue Center		✔		
Discretionary Expense Center	✔	✔		
Profit Center	✔	✔		✔
Investment Center	✔	✔	✔	✔

[1]   in Anlehnung an Weilenmann, Paul (1994), S. 266 ff.

Form	Schwerpunkt	Messgrösse	Leistungs-Messverfahren	Bemerkungen
Cost Center	Kostenorientiert	Kosten	Kostenabweichungsanalyse mit Ist- und Plankosten	Ein Cost Center steuert die Kostenaspekte seiner Leistungen (Produktion) autonom mit dem Ziel, die Effizienz der Leistungserstellung zu steigern. Ein Cost Center berücksichtigt alle Kosten, die es direkt oder indirekt beeinflussen kann.
Revenue Center	Ertragsorientiert	Gewinnbeiträge	Gewinnbeitrags- und Verkaufsmix-Abweichungsanalysen	Ein Revenue Center erfasst die durch seine Leistungen erwirtschafteten Erträge und die dafür angefallenen Selbstkosten und zeigt somit eine geeignete Verrechnungsstruktur für Verkaufsgesellschaften bzw. verkaufsorientierte Abteilungen.
Discretionary Expense	Bereich mit disponierten Kosten	Budgeteinhaltung	Keine Effizienzmessung möglich, aber evtl. Effektivitätskontrolle	Ein Discretionary Expense Center stellt eine klassische Verrechnungsstruktur für zentrale Dienste wie Finanzen, Personal, Recht, Werbung, zentrale Leitung usw. dar.
Profit Center	Ergebnisverantwortung	Gewinnvorgabe	Kosten- und Erlösplanung, Abweichungsanalysen für Gewinn-, Kosten- und Erlösdifferenzen	Profit Centers verfügen über eine beträchtliche Autonomie, d. h., sie sind in der Lage, Kosten und Erträge direkt zu beeinflussen. Oftmals aber stellt sich das Problem interner Verrechnungspreise.
Investment Center	Renditenverantwortung	Rendite, «Restgewinn»	Return on Investment, Residual Income	Investment Centers sind oft grosse Tochtergesellschaften von Konzernen, die die Entscheidungskompetenz für Kosten, Erträge und Investitionen selbst wahrnehmen. Die Konzernleitung entscheidet lediglich über die Zuteilung der finanziellen Ressourcen (Finanzierung), der Entscheid über den Mitteleinsatz liegt beim Investment Center.

6.2.1 Cost Center

Cost Centers sind Unternehmensbereiche ohne direkten Zugang zum Absatzmarkt, deren Ziel überwiegend eine Kostenminimierung ist. Da der mengen- und wertmässige Output festgeschrieben ist, richten sich die Anstrengungen auf eine Erhöhung der Kostenwirtschaftlichkeit bei der Leistungserstellung.

6.2.2 Revenue Center

Revenue Centers sind umsatzverantwortliche Bereiche, deren Aufgabe in einer Optimierung der Verkaufsleistung liegt. Meist handelt es sich um Verkaufsabteilungen, die keinen Einfluss auf die Produktionskosten haben.

6.2.3 Discretionary Expense Center

Discretionary Expense Centers sind Organisationseinheiten, bei denen keine direkt messbare Beziehung zwischen dem Kosteneinsatz und der daraus resultierenden Leistung besteht. Nicht nach ökonomischen Vorgaben geführte Informatikabteilungen entwickeln sich oftmals zu solchen Discretionary Expense Centers, da eine Zielleistung grob definiert ist (Erbringung von innerbetrieblichen IT-Dienstleistungen), die dadurch anfallenden Kosten hingegen unabhängig von Volumen und Qualität der Leistung bestimmt sind.

6.2.4 Profit Center

Profit Centers sind Divisionen mit eigener Gewinnverantwortung. Ziel bei deren Einrichtung ist oft eine Motivationsverbesserung bei den verantwortlichen Leitern. Damit stellen Profit Center eine Verknüpfung von Organisationsstruktur und Anreizsystem dar.

6.2.5 Investment Center

Investment Centers verfügen ganz oder zumindest teilweise über den durch sie selbst erwirtschafteten Gewinn. Aufgaben, Kompetenz und Verantwortung sind an Erfolgsgrössen (analog von Cost Center) und zusätzlich an der Gewinnverwendung orientiert. Es geht also um eine Steuerung, die sich auf die monetären Ergebnisse sowie auf deren Verwendung konzentriert. Der Handlungsspielraum der Centerleitung wird dadurch erweitert, dass sie über einen Teil des von ihr erwirtschafteten Ergebnisses selbst verfügen darf, sei es z. B., um Sachinvestitionen zu finanzieren, sei es, um bestimmte Innovationsprojekte zu fördern. Damit wird die Führungskraft eines Investment Center endgültig zu einer Figur, der das Prädikat «interner Unternehmer» zuerkannt werden kann. Zugleich ist mit diesem Centerkonzept das Höchstmass an Autonomie innerbetrieblicher Organisationseinheiten erreicht.

Beispiel

Sepp denkt nach, wie er die Servact AG bezüglich den Kompetenzen ausstatten könnte. Er findet es eine gute Idee, die Serviceabteilung als Profit Center zu gestalten und die übrigen Fachabteilungen wie Engineering und Betrieb als Cost Center. Er spricht sich mit Herrn Klein ab und bekommt das Okay dafür.

An einem Controllingmeeting mit dem Mutterhaus bringt Sepp diese Idee vor. In der Meetingpause nimmt Herr Grau, der Chefcontroller des Mutterhauses, Sepp zur Seite. Er fände dies eine sehr gute Idee von Sepp, aber er müsse bedenken, dass in Zukunft das Mutterhaus ganz klar die Budgets der Servact AG vorgeben wird, und die GL des Mutterhauses ist nicht daran interessiert, dass die Servact AG auf dem «freien» Markt zusätzlich Leistungen anbietet. Die Servact AG ist für das Mutterhaus ein Cost Center. Da dürfte ein Profit Center innerhalb der Servact AG nichts bringen.

Gut, sagt Sepp, aber dann müsse ihm Herr Grau aufzeigen, wer in der Handels Holding genügend Kompetenz besitzt, IT-Dienstleistungen zu budgetieren. Weiter besteht die Frage, wer denn so genannte «Forschungsprojekte» finanziert. Als Beispiel sei das Netzwerk der Handels Holding in einem desolaten Zustand und eine Erneuerung unumgänglich. Habe denn Herr Grau genügend Wissen, um die Wichtigkeit eines solchen Projektes zu erkennen oder zu beurteilen? Beides könne die Handels Holding AG nicht machen, Anforderungen stellen und gleichzeitig das Budget vorgeben, wenn kein IT-Wissen vorhanden ist.

Herr Grau findet dies einen sehr interessanten Aspekt und verspricht Sepp, sich darum zu kümmern. Zwei Wochen später sieht Sepp in der Tageszeitung, dass das Mutterhaus einen so genannten CIO (Chief Information Officer) sucht, der die GL bezüglich IT berät und strategisch die zukünftigen Anforderungen plant. Sepp bezweifelt, dass dies Herrn Klein gefallen wird. Da muss Herr Klein Aufgaben abgeben müssen. Und dabei wollte Sepp nur ein Budget in der Servact AG einführen ...

6.3 Umwelteinflüsse

Die Umwelt der Unternehmung selber darf nicht ausser Acht gelassen werden. Zu einer erfolgreichen Budgetierung gehören auch Angaben über:

- Konkurrenzsituation: Welche Dienstleistungen zu welchen Konditionen werden von der Konkurrenz angeboten oder sind «üblich»?
- Marktsituation: Wie verändert sich der Markt und wie ist die Marktstellung der eigenen Unternehmung?

- Gesetzliche Einschränkungen: Dürfen nur bestimmte Mengen von Dienstleistungen abgesetzt werden oder sind die Ressourcen limitiert? So wird zum Beispiel durch das Heilmittelgesetz vorgegeben, dass pro Arzt und Jahr Fr. 300.– für Dienstleistungen (Fortbildung, Promotionsmaterial) verwendet werden dürfen.
- Gesetzliche Abgaben: Sondersteuer, Mehrwertsteuer, vorgezogene Entsorgungsgebühren etc.
- Gesetzliche Zuwendungen: Subventionen, Steuererlasse etc.

Unternehmen haben das Interesse, die einzelnen Unternehmensbereiche zu planen und zu steuern. Dabei verfügen sie über folgende Mittel:

- Direkte Zielvorgaben
- Verteilen oder einschränken von entsprechenden finanziellen Kompetenzen einzelner Bereiche

Unterschieden werden beim letzten Punkt:

- Cost Center
- Revenue Center
- Discretionary Expense Center
- Profit Center
- Investment Center

Neben der Unternehmung existieren externe Anspruchsgruppen wie Behörden, Verbände etc. Diese beeinflussen mit

- Steuern,
- Lenkungsabgaben,
- Kontingenten etc.

die Budgets der einzelnen Unternehmungen.

Repetitionsfragen

21	Wieso gibt die Unternehmung Vorgaben bezüglich des Budgets vor?
27	Wieso ist die Unterscheidung der Organisationsformen wichtig?
33	Wieso ist es wichtig, Vorgaben von externen Anspruchsgruppen wie Behörden etc. zu kennen?
39	Wie beeinflusst die Konkurrenz die budgetierten Ressourcen?
45	Wie beeinflusst die Marktstellung der eigenen Unternehmung die Budgetierung?
51	Was ist eine der wichtigsten Voraussetzungen bei einem Cost Center und einer autoritären Budgetierung?

Teil C Werkzeuge und Hilfsmittel für die Budgetierung

Einleitung, Lernziele und Schlüsselbegriffe

Zum Einstieg

Wir wollen kurz überlegen, was Sepp bis jetzt erreicht hat:

- Er hat einen Controllingprozess in Gang gesetzt.
- Er hat für die Betriebsabrechnung Kostenträger (nebst Kostenarten und -stellen) bestimmt.
- Er hat die Bestandteile des Budgetsystems und ihre Zusammenhänge entworfen.
- Er hat auf der Basis des TCO-Konzepts in einer Mehrjahresbetrachtung die angebotenen Dienste (Kostenträger) grob budgetiert.

In einem nächsten Schritt muss Sepp nun die detaillierte Budgetierung auf Jahresbasis (das Jahresbudget) anpacken. Im Zentrum steht dabei – wie schon in Teil A kurz erwähnt – die Betriebsrechnung. Sie ist das bevorzugte Instrumentarium, um das Betriebsgeschehen zu planen (mit Budgetzahlen) und zu überwachen (mit Istzahlen, die mit den Budgetzahlen verglichen werden). Das ist wichtig: Der Rechungsaufbau muss für die Planung mit Budgetzahlen und die Dokumentation mit Istzahlen gleich sein, sonst ist ein Vergleich nicht möglich.

Die Betriebsrechnung (oder andere gleichwertige Begriffe: Betriebsbuchhaltung, betriebliches Rechnungswesen, internes Rechnungswesen, Kosten- und Leistungsrechnung) kann je nach Informationsbedarf des Unternehmens unterschiedlich ausgestaltet sein.

- Die Grundausstattung ist die Betriebsabrechnung (Betriebsabrechnungsbogen BAB) mit den Bereichen Kostenarten-, Kostenstellen- und Kostenträgerrechnung.
- Kalkulation bedeutet nichts anderes als Berechnung, z.B. von einzelnen Produkten, Aufträgen usw. Die Berechnungssätze beruhen auf der Betriebsabrechnung, wo eine solche vorhanden ist.
- Mit einer Break-even-Analyse kann man ermitteln, wie viel von einem Produkt / einer Dienstleistung abgesetzt werden muss, bis ein Gewinn entsteht.

Übersicht Betriebsrechnung

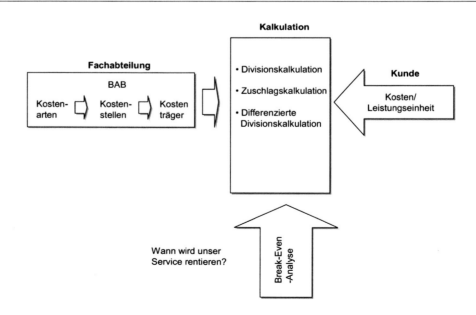

Sepp muss also herausfinden, wie viel die Selbstkosten eines Produkts ausmachen werden. Sobald diese bekannt sind, wird er ermitteln können, wie viel eine Leistungseinheit, die der Kunde beziehen kann, kosten wird und wie hoch der Preis mindestens sein muss, damit ein Gewinn entsteht.

Die ganze, so genannte Kosten- und Leistungsrechnung scheint auf den ersten Blick ein wenig verwirrlich. Es lohnt sich einmal, die Geschichte der Finanz- und Betriebsbuchhaltung zu betrachten:

Einige Eckdaten in der Entwicklung der Finanz- und Betriebsbuchhaltung

um Chr. Geburt	Im Römischen Reich gelten gut geführte Bücher als Beweismittel vor Gericht.
1494	Erste theoretische Darstellung der Buchhaltung (doppelte Buchführung) durch den Mönch Luca Pacioli; allerdings fehlt noch die Kostenrechnung.
um 1800	Buchführung mit periodischem Jahresabschluss und Entwicklung der Kostenrechnung.
um 1930	Zeit der grossen Depression. Nachweis der Selbstkosten (Betriebsbuchhaltung) einer Unternehmung.
20. Jh.	Keine wesentlichen Veränderungen, nur Verfeinerungen (Planungsinstrument, EDV-Buchführung).

Die Finanz- und Betriebsbuchhaltung ist also entstanden, bevor es EDV-Unterstützung gab. Ebenso war der nette, kleine Fotokopierer auf dem Gang noch nicht erfunden. Versuchen Sie einmal, ohne diese Werkzeuge, eine komplette Kosten- und Leistungsrechnung durchzuführen.

Da sind Sie auch froh, wenn Sie einige wenige Angaben haben, mit denen Sie alles berechnen können. Und genauso ist die Betriebsbuchhaltung auch im Grunde aufgebaut. Es sind eigentlich immer die gleichen Zahlen, die von verschiedenen Seiten her berechnet werden, und zwar so, dass man dies auch mit einem einfachen Rechenschieber oder Rechenmaschine erledigen könnte.

Damit man jeweils weiss, von welcher Seite her gerechnet wird, wurden Begriffe wie Selbstkosten, Gemeinkostenzuschläge, Kalkulation etc. definiert.

Lernziele und Lernschritte

Lernziele	**Lernschritte**
☐ Einflussgrössen und Informationen für IT-Budgetierung (z. B. geplante Projekte, Systeme, Dienstleistungen, Services) sammeln und daraus die relevanten Faktoren für die Budgetierung ableiten.	• Kennt Arten von Leistungen/Dienstleistungen einer IT-Abteilung und kann anhand der Kostenstruktur erläutern, warum diese für eine zuverlässige Planung/Budgetierung unterschieden werden müssen • Kennt die relevanten Informationen zur Ermittlung des Ressourcenbedarfs von bestimmten Leistungen/Dienstleistungen einer IT-Abteilung und kann erläutern, wie diese bei der Planung/Budgetierung berücksichtigt werden
☐ Konzept für die Budgetierung erstellen, Budgetierungsprozess beschreiben und dessen Aufbau- und Ablauforganisation gestalten.	• Kennt die Kriterien (Kostenarten, Kostenstellen, Kostenträger, Fälligkeiten) für eine detaillierte Aufteilung einer Budgetposition und kann erläutern, wie dadurch eine effektive finanzielle Führung des Unternehmens unterstützt wird • Kennt die notwendigen Vorgehensschritte zur Festlegung des Ressourcenbedarfs in einem Budget und kann erläutern, wie diese eine aussagekräftige Deklaration einzelner Budgetpositionen sicherstellen
☐ Hilfsmittel für den Budgetierungsprozess bestimmen und für den Einsatz vorbereiten. Nachvollziehbarkeit und Plausibilität des Budgets damit überprüfen.	• Kennt Prinzipien zur Erarbeitung eines Budgets (zero base budgeting, Fortschreibung) und kann erläutern, wie sich diese auf den Budgetierungsaufwand und die Budgetierungsqualität auswirken

Schlüsselbegriffe

Aufwände, Betriebsabrechnungsbogen, Betriebsbuchhaltung, Break-even-Analyse, Deckungsbeitrag, differenzierte Divisionskalkulation, direkte Kosten (i. S. Kostenrechnung = Einzelkosten), einfache Divisionskalkulation, Einzelkosten, Erträge, Finanzbuchhaltung, fixe Kosten, Gemeinkosten, Gewinn, Hauptkostenstelle, Herstellkosten, Hilfskostenstelle, indirekte Kosten (i. S. Kostenrechnung = Gemeinkosten), Kosten, Kostenartenrechnung, Kostenstellenrechnung, Kostenträgerrechnung, Leistungen, mengenmässige Nutzschwelle, Nutzschwellenanalyse, Outsourcing, sachliche Abgrenzung, Schlüsselung, Selbstkosten, sprungfixe Kosten, variable Kosten, Verlust, Verrechnungspreise, Vorkostenstelle, wertmässige Nutzschwelle, zeitliche Abgrenzung, Zuschlagskalkulation

7   Betriebsbuchhaltung

7.1   Ziel und Aufbau der Betriebsbuchhaltung

Ziel der Betriebsbuchhaltung ist es, den betrieblichen Erfolg (Gewinn oder Verlust) von einzelnen Produkten, Dienstleistungen etc. aufzuzeigen und daneben zu erfahren, wo und wie Kosten (Aufwand) und Leistungen (Ertrag) anfallen.

Um dieses Ziel zu erreichen, werden in der Betriebsbuchhaltung folgende drei Rechnungen geführt (jeweils mit der Schlüsselfrage):

- Die Kostenartenrechnung: Welche Kosten fallen an?
- Die Kostenstellenrechnung: Wo fallen die Kosten an?
- Die Kostenträgerrechnung: Wofür fallen die Kosten an?

[7-1]   Bereiche der Kostenrechnung: Kriterien für die Strukturierung

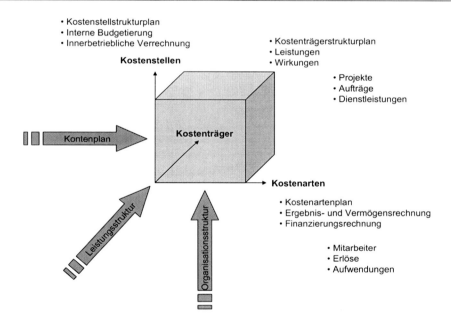

[7-2]   Bereiche der Kostenrechnung: Hauptaufgaben

Kostenartenrechnung	Kostenstellenrechnung	Kostenträgerrechnung
Welche Kosten fallen an?	Wo fallen die Kosten an?	Wofür fallen die Kosten an?
Aufgaben: Aufwand gemäss Buchhaltung wird in Kosten überführt. Ertrag in Leistungen (Erlöse): • Ermittlung der effektiv für die betriebliche Leistungserstellung entstandenen Kosten sowie der Erlöse (Grundlage sind Aufwand bzw. Ertrag nach der Finanzbuchhaltung, die abzugrenzen sind) • Aufteilung in Einzel- und Gemeinkosten	Aufgaben: Übernahme der Gemeinkosten und deren Verrechnung (Umlage) auf die Kostenträger: • Zuordnung der Gemeinkosten (GK) auf die Abteilungen und Betriebsstellen, wo sie entstanden sind • Ermittlung der Verteilschlüssel für die GK, mit denen eine Umlage der GK von den Kostenstellen auf die Kostenträger vorgenommen wird	Aufgaben: Kosten der Produkte/Dienstleistungen werden ermittelt: • Zuteilung sämtlicher Kosten auf die Kostenträger (Einzelkosten direkt ab Kostenartenrechnung und Gemeinkosten indirekt via Kostenstellenrechnung) • Die Differenz zum Nettoerlös des Kostenträgers ergibt den Erfolg (Gewinn oder Verlust) je Kostenträger (je Produkt)
Gliederung der Kostenarten aufgrund des Kontenplans	Gliederung der Kostenstellen aufgrund der Organisationsstruktur	Gliederung der Kostenträger aufgrund der Leistungsstruktur

7.2   Technische Hilfsmittel

Die Betriebsbuchhaltung wird in der betrieblichen Praxis natürlich nicht von Hand geführt, es braucht Informatikmittel.

Einerseits kann das allseits bekannte Excel (Tabellenkalkulation) verwendet werden. Meistens werden zur Unterstützung der Betriebsbuchhaltung integrierte Finanzapplikationen eingesetzt, wie zum Beispiel:

• SAP
• Baan
• Abacus
• Etc.

Hier stehen vordefinierte Auswertungen bereits zur Verfügung.

7.3   Der Unterschied zwischen Finanz- und Betriebsbuchhaltung

Im Gegensatz zur Finanzbuchhaltung befasst sich die Betriebsbuchhaltung ausschliesslich mit denjenigen Wertflüssen, die zur Erbringung einer Leistung wirklich notwendig sind. Alle ausserbetrieblichen und ausserordentlichen Aufwendungen und Erträge (neutraler Bereich) werden in der Betriebsbuchhaltung nicht abgebildet.

Folgende Posten können z. B. als nicht «betriebsrelevant» bezeichnet werden:

• Konto Immobilienaufwand für den Unterhalt einer Wohnliegenschaft, die der Unternehmung gehört
• Konto Wertschriftenertrag (Zinsen, Spekulationsgewinne von börsenkotierten Wertschriften)

Die Finanzbuchhaltung richtet sich hauptsächlich an externe Anspruchsgruppen wie z. B. Behörden, Investoren etc. Diese Anspruchsgruppen werden mit der Erfolgsrechnung, der Bilanz und allenfalls der Mittelflussrechnung informiert.

Die Betriebsbuchhaltung richtet sich an interne Anspruchsgruppen, Management etc., sie liefert betriebswirtschaftlich objektivierte Zahlen. Diese Informationen fliessen in die Kalkulation und Budgetierung ein.

7.4 Die Bestandteile der Betriebsabrechnung: Kostenarten-, Kostenstellen-, Kostenträgerrechnung

Kostenarten-, Kostenstellen- und Kostenträgerrechnung sind die Bestandteile der Betriebsabrechnung. Schauen wir uns diese Bereiche genauer an.

7.4.1 Die Kostenartenrechnung

In der Kostenartenrechnung geht es darum, Aufwand bzw. Ertrag gemäss der Finanzbuchhaltung in betrieblich objektiv bewertete Kosten und Leistungen zu überführen. Bei dieser Überführung sind Abgrenzungen nötig.

In der Betriebs- und Finanzbuchhaltung werden also verschiedene Begriffe verwendet:

• Kosten sind abgegrenzte Aufwände.
• Leistungen sind abgegrenzte Erträge.

(Daher wird die Betriebsbuchhaltung oft auch als Kosten- und Leistungsrechnung bezeichnet.) In der Praxis wird jedoch vielfach nicht so streng zwischen Leistungen und Erträgen differenziert (man spricht deshalb auch in der Betriebsbuchhaltung von Erträge bzw. Erlösen).

Abgrenzungen

Die folgende Abbildung zeigt das Prinzip der Abgrenzungen.

[7-3]   Das Prinzip der Abgrenzungen

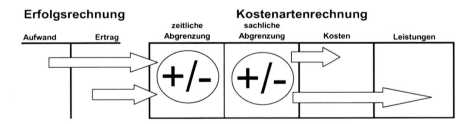

Bei der Überführung von Aufwand/Ertrag in Kosten/Leistungen können folgende Abgrenzungen nötig sein:

• Zeitliche Abgrenzungen
• Sachliche Abgrenzungen
  • Aufwand, aber keine Kosten (bzw. Ertrag, aber keine Leistungen)
  • Kosten, aber kein Aufwand (bzw. Leistungen, aber kein Ertrag)
  • Sowohl Aufwand als auch Kosten (bzw. sowohl Ertrag als auch Leistungen), aber mit unterschiedlichen Werten

Zeitliche Abgrenzungen sind dort nötig, wo Kosten bzw. Leistungen sonst nicht in der Periode ausgewiesen würden, in die die Verursachung fällt. Wenn beispielsweise eine Mietzahlung für einen Zeitraum (z. B. Dezember bis Februar) vorausbezahlt wurde, der länger als die laufende Rechnungsperiode ist (z. B. noch der Dezember bis Ende Jahr), dann ist nur der Teil der Mietzahlung als Kosten zu erfassen, der noch zur laufenden Periode gehört (der Rest der Zahlung muss als Kosten auf die nächste Periode vorgetragen werden). Zeitliche Abgrenzungen werden in der Regel bereits in der Finanzbuchhaltung vorgenommen (dort via Transitorische Aktiven bzw. Transitorische Passiven). Allerdings sind zeitliche Abgrenzungen auch in der Betriebsbuchhaltung nötig, wenn hier über kürzere Zeiträume als in der Finanzbuchhaltung abgerechnet wird (was ja meistens der Fall ist, z. B. in der BEBU monatlich, in der FIBU jährlich).

Sachliche Abgrenzungen sind Differenzen, die durch die unterschiedlichen Sichtweisen der Finanz- und der Betriebsbuchhaltung entstehen. Die Finanzbuchhaltung bezieht sich auf das Unternehmen als Gesamtes und hat sich an gesetzliche Vorgaben zu halten (Erfolgssteuerung, Steueroptimierung etc.). Daraus erklären sich die sachlichen Abgrenzungen im Einzelnen:

- Aufwand, keine Kosten (bzw. Ertrag, keine Leistung): Aller Aufwand/Ertrag, der nicht mit der betrieblichen Leistungserstellung zu tun hat, ist auszuscheiden (nicht-betrieblicher, neutraler Aufwand bzw. Ertrag).
- Kosten, aber kein Aufwand (bzw. – in der Praxis jedoch selten – Leistungen, aber kein Ertrag): In der Betriebsbuchhaltung müssen Kosten berücksichtigt werden, die nicht als Aufwand erfasst wurden (bzw. erfasst werden dürfen), z. B. Unternehmerlohn des Inhabers einer Einzelfirma, kalkulatorischer Zins für Eigenkapital (AG).
- Aufwand und Kosten (bzw. Ertrag und Leistungen), aber mit unterschiedlichen Werten: Die Wertansätze sind in der Finanzbuchhaltung anders als in der Betriebsbuchhaltung, z. B. bei den Abschreibungen, bei denen in der FIBU aus steuerlichen Gründen ein möglichst hoher Betrag und in der BEBU der betrieblich objektive Betrag gewählt wird.

Einzelkosten und Gemeinkosten

Die Unterscheidung in Einzel- und Gemeinkosten hat mit der Verrechenbarkeit der Kosten zu tun.

Einzelkosten sind diejenigen Kosten, die sich einwandfrei direkt einem Kostenträger zuweisen lassen (z. B. anhand Rechnungen etc.). Beispiele für Einzelkosten sind Rohmaterialkosten, Stundenlohnkosten oder Bauteile für eine bestimmte Produktlinie.

Die Gemeinkosten, also diejenigen Kosten, die nicht direkt den einzelnen Kostenträgern zugewiesen werden können, werden den Kostenstellen belastet. Beispiele für Gemeinkosten sind Mietkosten für Büros, Lohnkosten für administratives Personal und Kader oder auch Abschreibungs- und Zinskosten.

[7-4]   Abgrenzungen und Aufteilung in Einzel- und Gemeinkosten

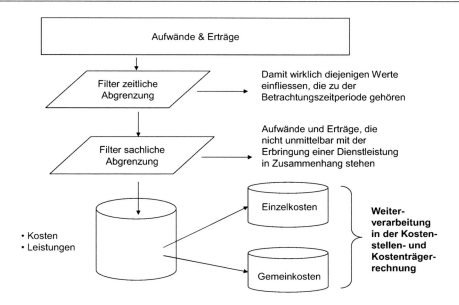

7.4.2   Die Kostenstellenrechnung

In der Kostenstellenrechnung geht es darum, Gemeinkosten nach Verursachung zu sammeln und auf die Kostenträger weiterzuverrechnen.

Kostenstellen erfassen einerseits Betriebsdaten (Arbeitsstunden von Mitarbeitern für gewisse Tätigkeiten, Materialdurchfluss bei einer Logistikabteilung, Anzahl Benutzeranfragen bei einem Help Desk) und andererseits eigene Ressourcenkosten (Mitarbeiterlöhne, Mieten, Reparaturkosten etc.), die nicht direkt den einzelnen Kostenträgern zugeordnet werden können.

Damit diese Zuweisung möglich wird, muss beim Erfassen von Kosten (Aufwänden) genau angegeben werden, auf welche Kostenart gebucht und welche Kostenstelle damit belastet werden soll.

In vielen Unternehmungen wird hierfür zum Beispiel ein so genannter «Kontierungsstempel» benutzt. Dieser wird direkt auf die Rechnung gedruckt und der entsprechende Kostenstellenleiter muss zusätzlich visieren, dass diese Rechnung auf seine Kostenstelle gebucht werden darf.

Die Bildung von Kostenstellen

Kostenstellen können nach unterschiedlichen Kriterien gebildet werde. Im Allgemeinen orientiert sich die Bildung der Kostenstellen an der bestehenden Organisation (Aufbauorganisation) einer Unternehmung. Mögliche Kriterien zur Bildung von Kostenstellen sind:

- Verantwortung
- Führungsaspekt
- Rechenschaft für die Kosten der Leistung
- Aufbauorganisation mit seinen Mitarbeitern
- Erfassung von Ist-Kosten erleichtern
- Funktion (funktionelle Gesichtspunkte beleuchten die erbrachten Leistungen für die verschiedenen Produkte = Kostenträger)
- «Technische» Leistungsarten (Bezugsgrössen[1])

Sehr oft wird in der Praxis das Kriterium Führungsaspekt als Basis zu Bildung von Kostenstellen herangezogen. Dadurch ist es möglich, eine Führungsperson in die Kosten- und damit auch in die Budgetverantwortung für ihren Bereich einzubinden.

Vorkosten- und Hauptkostenstelle

Bei dieser Unterscheidung geht es um Folgendes:

- Hauptkostenstellen erbringen ihre Leistungen für die Kostenträger; entsprechend lassen sich die Kosten der Hauptkostenstellen direkt auf die Kostenträger umlegen.
- Vorkostenstellen erbringen ihre Leistungen einzig für andere Kostenstellen; deren Kosten werden auf die Hauptkostenstellen umgelegt (mit der Umlage der Kosten der Hauptkostenstellen werden diese Kosten schiesslich auch auf die Kostenträger verrechnet).

Hat man zum Beispiel Organisationseinheiten, die Leistungen erbringen, die sich nicht direkt Kostenträgern zuordnen lassen, muss diese Organisationseinheit als eine Vorkostenstelle ausgestaltet werden. Es lassen sich folgende Beispiele benennen:

- Hausdienst
- Personaldienst
- Lagerverwaltung

Beispiel

Sepp hat sich, wie schon bereits beschrieben, entschieden, für jede Abteilung eine Kostenstelle einzurichten. Dabei muss er jetzt aber noch unterscheiden zwischen Vor- und Hauptkostenstellen:

[7-5]   Haupt- und Vorkostenstellen im Fallbeispiel Servact AG

Kostenstelle	Art	Begründung
Service Management	Hauptkostenstelle	Direkte Leistungen für einen Service
Engineering	Hauptkostenstelle	Direkte Leistungen für einen Service
Entwicklung	Hauptkostenstelle	Direkte Leistungen für einen Service
Betrieb	Hauptkostenstelle	Direkte Leistungen für einen Service
Administration	Vorkostenstelle	Keine direkte Leistungszuordnung
Führung	Vorkostenstelle	Keine direkte Leistungszuordnung

Schlüsselung

Die Verteilung der in den Kostenstellen gesammelten Kosten auf die Kostenträger oder der Vorkostenstellen auf die Hauptkostenstellen erfolgt anhand von so genannten Bezugsgrössen.

Bezugsgrössen werden aufgrund von Leistungsarten wie Arbeitsstunden, Maschinenstunden, Streckenkilometer etc. gebildet. Man kann drei grundlegende Arten von solchen Verteilschlüsseln unterscheiden:

- Mengenschlüssel (Beispiel: die Kosten des 1st Level Support werden aufgrund der Anzahl Benutzer verteilt)
- Wertschlüssel (Beispiel: die Kosten für Telekommunikation werden aufgrund der Projektbudgets verteilt)

[1] Dieser Aspekt ist im Allgemeinen komplementär zu den oben genannten Gliederungsaspekten. Es ist möglich, dass eine Kostenstelle mehrere Bezugsgrössen abgeben kann. Damit kann bei einer optimalen Gestaltung der Kostenstelle sowohl eine wirksame Kostenkontrolle als auch eine adäquate Weiterverrechnung der Kosten erreicht werden.

- Zeitschlüssel (Beispiel: die Kosten für den 2nd Level Support werden aufgrund der für die Lösungsfindung benötigten Zeit verteilt)

Beispiel

Sepp muss die Vorkostenstelle Führung auf die Hauptkostenstelle umlegen. Unter Führung fallen zum Beispiel die Lohnkosten von Herrn Klein an. Wie soll er diese sinnvoll auf die einzelnen Hauptkostenstellen verteilen?

Er entschliesst sich, diese Kosten anhand der Mitarbeiterzahlen prozentual auf die einzelnen Hauptkostenstellen zu verteilen.

7.4.3   Die Kostenträgerrechnung

In der Kostenträgerrechnung geht es darum, die Kosten pro Kostenträger zu ermitteln. Werden diesen Kosten die allfälligen Erlöse gegenübergestellt, lässt sich der Erfolg (Gewinn/Verlust) des Kostenträgers ermitteln.

Kostenträger sind die Marktleistungen des Unternehmens, d. h. die Produkte bzw. Dienstleistungen (hier gilt es, die Wirtschaftlichkeit der Leistungserstellung und den Erfolg der Leistung zu beurteilen). Kostenträger können aber auch interne Leistungen des Unternehmens sein, z. B. ein Entwicklungsprojekt (hier gilt es, einen vorgegebenen Kostenrahmen einzuhalten).

Auf die Kostenträger werden Einzelkosten direkt und Gemeinkosten indirekt über die Kostenstellen verrechnet.

Die Betriebsbuchhaltung zeigt Kosten und Leistungen einer begrenzten Periode (Geschäftsjahr, Semester, Quartal und zunehmend öfters auch je Monat). Die Abrechnung der Kostenträger wird deshalb auch Kostenträger**zeit**rechnung genannt.

Die Betriebsbuchhaltung selbst ist Datenbasis für Analysen und Auswertungen, insbesondere für die Kalkulation. Bei der Kalkulation werden einzelne Einheiten eines Kostenträgers mit den Sätzen der Betriebsbuchhaltung gerechnet. Die Kalkulation wird deshalb auch als Kostenträger**stück**rechnung bezeichnet.

Ausserdem ist der Aufbau und der Verrechnungsfluss der Betriebbuchhaltung auch Grundlage bei der detaillierten Budgetierung.

7.4.4   Der Betriebsabrechnungsbogen

Der Betriebsabrechnungsbogen ist eine vereinfachte und übersichtliche Darstellung der Betriebsbuchhaltung. Im Betriebsabrechnungsbogen (BAB) werden alle Elemente der Betriebsbuchhaltung (Kostenarten bzw. Leistungsarten, Kostenstellen und Kostenträger) gemeinsam abgebildet.

Er zeigt die Verrechnungsflüsse von der Kostenarten- bis zur Kostenträgerrechnung und weist die verschiedenen Ergebnisse der Kostenträger aus (Herstellkosten, Selbstkosten, Erfolg).

Die folgende Grafik zeigt die Verrechnungsflüsse und die Ergebnisstufen im Betriebsabrechnungsbogen:

- Die Einzelkosten können direkt den entsprechenden Kostenträgern (Produkten) zugewiesen werden.
- Die Gemeinkosten müssen anhand von Bezugsgrössen den Kostenstellen zugeordnet werden.

- Die Herstellkosten ergeben sich als Summe der Einzelkosten und der Gemeinkosten für Material und Fertigung.
- Selbstkosten stellen die Summe aller Kosten dar, die für die Herstellung und den Vertrieb der verkauften Erzeugnisse angefallen sind. (Zu den Herstellkosten sind noch die Gemeinkosten für Verwaltung und Vertrieb zu addieren.)

Ganz entschieden ist festzuhalten, dass der BAB nicht «normiert» ist. Das heisst, er kann und muss sogar auf die eigenen Bedürfnisse angepasst werden (z. B. in Bezug auf Gliederung und Anzahl der Kostenstellen und Kostenträger). Was jedoch immer gleich bleibt, ist das Prinzip der Abrechnung mit den entsprechenden Umlagen.

[7-6]   Schema Betriebsabrechnungsbogen

Der Betriebsabrechnungsbogen (BAB)	Kostenartenrechnung			Kostenstellenrechnung				Kostenträger-rechnung	
				Vorkos-ten-stelle(n)	Hauptkostenstellen				
Position	Aufwd. Fibu	Abgren-zungen	Kosten Bebu	VoKoSt	KoSt. 1 Mat.	KoSt. 2 Fertg.	KoSt. 3 V. u.V.	KoTr. A	KoTr. B
Direkt:					Einzelkosten				
Einzelkosten	☐	☐	☐					☐	☐
Indirekt:					Gemeinkosten				
Gemeinkosten	☐	☐	☐	▨	▨	▨	▨		
Total 1	☐	☐	☐	▨	▨	▨	▨	☐	☐
Umlage Vorkostenstellen				▨	▨	▨	▨		
Total 2					▨	▨	▨		
Umlage KoSt. 1 (Material)								☐	☐
Umlage KoSt. 2 (Fertigung)								☐	☐
Herstellkosten								☐	☐
Umlage KoSt. 3 (V. u.V.)								☐	☐
Selbstkosten								☐	☐
Erfolg (Gewinn/Verlust)								☐	☐
Nettoerlös								☐	☐

Beispiel

Kehren wir zur Servact AG zurück und schauen wir uns die Betriebsbuchhaltung in der Darstellung eines BAB an. Gegeben sind die folgenden Kostenträger:

- Desktop
- Mail
- Internet
- HANDI
- BUHI

Daneben laufen noch zwei Projekte, die ebenfalls als Kostenträger aufgeführt werden sollen:

- PRO1
- PRO2

Kostenartenrechnung

Bei zwei der Kostenarten (vgl. Positionen der Kostenartenrechnung im nachfolgenden BAB) sind Abgrenzungen wie folgt erforderlich:

Die Abschreibungen orientieren sich in der Finanzbuchhaltung an den steuerrechtlichen Vorgaben und sind aus betriebswirtschaftlicher Sicht um 15 zu hoch ausgewiesen.

Die Zinskosten müssen in der Betriebsbuchhaltung um den Anteil an kalkulatorischen Eigenkapitalzinsen von 35 erhöht werden.

Kostenstellenrechnung

Es existieren folgende Kostenstellen:

- Servicemanagement
- Engineering
- Entwicklung
- Betrieb
- Administration
- Leitung

Die Abteilung Administration und Leitung sind als Vorkostenstellen ausgestaltet, das heisst, sie erbringen ihre Leistungen für die anderen Abteilungen (die Hauptkostenstellen), nicht aber für die Kostenträger selbst.

Wie werden die einzelnen Kostenarten weiterverrechnet?

Die Lohnkosten sind anhand der Leistungserfassung verteilt. In einem SW-Tool erfassen die Mitarbeiter ihre Arbeitsstunden projektbezogen und ordnen diese damit automatisch den einzelnen Kostenträgern zu.

Dort, wo nicht alle Lohnkosten auf die Kostenträger zugeordnet werden können, bleiben sie auf den jeweiligen Kostenstellen.

Die Hardwarekosten werden so weit wie möglich direkt den Kostenträgern zugeordnet. Die nicht direkt zuordenbaren Kosten verbleiben an den Kostenstellen.

Die Kommunikationskosten werden im Verhältnis der zeitlichen Beanspruchung direkt auf die beiden Dienste Mail und Internet verrechnet.

Die eigenen Lizenzkosten für Standard- und Branchenapplikationen werden anhand der aktuellen Installationen auf die einzelnen Abteilungen verteilt.

Die Mietkosten werden anhand der beanspruchten Bürofläche verteilt.

[7-7]   Flächenanteil als Verteilungsschlüssel der Mietkosten

Abteilung	Bürofläche in m^2
Service Management	80 m^2
Engineering	240 m^2
Entwicklung	480 m^2
Betrieb	280 m^2
Administration	120 m^2
Leitung	50 m^2
Total Bürofläche	**1250 m^2**

Die Abschreibungskosten werden anhand der Anlagewerte des in den einzelnen Abteilungen eingesetzten Anlagevermögens erhoben. Die Zinskosten werden mit dem kalkulatorischen Zinssatz von 5 % aufgrund derselben Anlagewerte berechnet.

Die Kosten der Vorkostenstellen werden auf die Hauptkostenstellen umgelegt. Der Umlageschlüssel ist für beide Vorkostenstellen jeweils die Anzahl der Mitarbeiter in den Hauptkostenstellen.

Kostenträgerrechnung

In der Kostenträgerrechnung werden die einzelnen Mandate bzw. Projekte als Kostenträger ausgewiesen.

Die Einzelkosten wurden jeweils bei der Verrechnung der Kostenarten auf die Kostenstelle gleich weiter auf die Kostenträger belastet. Nach der Umlage der Vorkostenstellen auf die Hauptkostenstellen sind nun die Hauptkostenstellen auf die Kostenträger umzulegen. Diese Umlagen werden aufgrund von folgendem Schlüssel durchgeführt:

Die Hauptkostenstellen werden im Verhältnis der aufgelaufenen Lohnkosten der Kostenträger auf die Kostenträger verteilt. Sepp hätte auch auf Basis des Verhältnisses des «Total I» die Umlage vornehmen können. Dann hätte aber zum Beispiel ein «hardware- und softwarelastiger» Service, wie zum Beispiel der Desktop, mehr von den Hauptkostenstellen zu tragen, was Sepp nicht unbedingt als ideal betrachtet. Wichtig ist, dass auf alle Fälle die Serviceverantwortlichen mit dem gewählten Umlageschlüssel einverstanden sind.

Anhand der Kostenträgerrechnung kann die Kalkulation aufgebaut werden.

Die Servact AG erhält über ein SLA (Service Level Agreement) definierte Ausgleichszahlungen vom Mutterhaus. Diese Werte sind noch vom letzten Jahr.

Gewinn darf die Servact AG nicht machen, da sie die Leistungen zum Selbstkostenpreis dem Mutterhaus abgeben muss.

Aufgrund dieser Informationen kann Sepp den folgenden Betriebsabrechnungsbogen erstellen:

[7-8]   Betriebsabrechnungsbogen der Servact AG

| | Kostenartenrechnung | | | Kostenstellenrechnung | | | | | | Kostenträgerrechnung | | | | | | |
Konten	Saldo FIBU	sachliche Abgrenzung	Saldo BEBU	Administration	Leitung	Service Mgmt	Engineering	Entwicklung	Betrieb	Dekstop	Mail	Internet	HANDI	BUHI	PRO1	PRO2
Mitarbeiter			35	4	1	3	7	12	8							
Inv. Kapital			2650	300	500	100	100	150	1500							
Lohnkosten	3'500		3'500	400	250	50	100	150	100	150	100	50	1200	600	200	150
Hardwarekosten	650		650	-	-	20	30	100	50	100	20	30	50	100	50	100
Kommunikationskosten	30		30	-	-	-	-	-	-	-	10	20	-	-	-	-
Lizenzkosten	1'050		1'050	-	-	-	20	30	50	500	150	50	100	100	-	50
Mietkosten	300		300	29	12	19	58	115	67							
Abschreibungskosten	255	-15	240	27	45	9	9	14	136							
Zinskosten	98	35	133	15	25	5	5	8	75							
Total I	**5'883**	**20**	**5'903**	**471**	**332**	**103**	**222**	**417**	**478**	**750**	**280**	**150**	**1'350**	**800**	**250**	**300**
Umlage Administration				-471	-332	47	110	188	126							
Umlage Leitung					-332	33	77	133	89							
Total II	**5'883**	**20**	**5'903**	**-**	**-**	**183**	**409**	**738**	**693**	**750**	**280**	**150**	**1'350**	**800**	**250**	**300**
Umlage Service Mgmt						-183				11	7	4	90	45	15	11
Umlage Engineering							-409			25	17	8	201	100	33	25
Umlage Entwicklung								-738		46	30	15	361	181	60	45
Umlage Betrieb									-693	42	28	14	339	170	57	43
Selbstkosten	**5'883**	**20**	**5'903**							**874**	**362**	**191**	**2'341**	**1'296**	**415**	**424**
Reingewinn	**-1'483**	**-20**	**-1'503**							**26**	**-112**	**9**	**-841**	**-296**	**-165**	**-124**
Geplanter Nettoerlös	4'400		4'400							900	250	200	1'500	1'000	250	300

Die Bilanz sieht schlecht aus. Wenn sich diese Angaben bewahrheiten, dann wird die Servact AG mit einem Verlust von rund 1.5 Mio. abschliessen.

Die TCO für den Service Mail scheinen sich bestätigt zu haben: Es sind rund Fr. 900.– für diesen Service pro Benützer (TCHF 363 / 400 Benützer).

7.5 Ergänzungen zum BAB

Viele Wege führen nach Rom, so auch die Art, wie ein BAB erstellt wird. Auf folgende Besonderheiten, die oft in der Praxis angewandt werden, soll noch kurz eingegangen werden.

7.5.1 Projekte

Hier im Beispiel sind die Projekte allgemein als Kostenträger definiert worden, weil diese Projekte offenbar Ertrag abwerfen.

Rein interne Projekte, die nur Kosten generieren, werden oft als Vorkostenstelle (oder auch Hilfskostenstelle genannt) erfasst und dann auf die Kostenträger verteilt, für die diese Projekte durchgeführt wurden.

7.5.2 Vertriebs- und Verwaltungskosten

In diesem Beispiel werden die Verwaltungs- und Vertriebskosten als Vorkostenstellen geführt. Aufmerksame Leser haben jedoch gemerkt, dass diese in der schematischen Darstellung (vgl. Abbildung 7-6, S. 58) nicht als Vorkostenstellen geführt werden, sondern als Hauptkostenstellen, die erst ganz am Schluss anhand der Herstellkosten verteilt werden.

Nun, was ist ein «fairer» Umlageschlüssel? Sind es die Anzahl Mitarbeiter einer Abteilung? Sind es die Herstellkosten? Es kommt darauf an, wie dies intern betrachtet und vereinbart wird.

Tatsache ist jedoch, dass in der Literatur meist die Variante dargestellt wird, die Verwaltungs- und Vertriebskosten aufgrund der Herstellkosten verteilt.

Die Betriebsbuchhaltung besteht aus folgenden Bereichen (dazu die Schlüsselfragen):

- Kostenartenrechnung (Welche Kosten fallen an?)
- Kostenstellenrechnung (Wo fallen die Kosten an?)
- Kostenträgerrechnung (Wofür fallen die Kosten an?)

Der Betriebsabrechnungsbogen ist eine vereinfachte und übersichtliche Darstellung der Betriebsbuchhaltung (solange die Anzahl von Kostenstellen und Kostenträgern sich im Rahmen von einfachen Beispielen hält). Im BAB sind alle Bereiche vereint, der Verrechnungsfluss sowie der Ausweis der Ergebnisse können auf einen Blick erfasst werden.

Bevor Aufwände und Erträge in die Betriebsbuchhaltung einfliessen können, müssen diese zuerst abgegrenzt werden:

- Sachliche Abgrenzung (nur effektive Kosten und Wertkorrekturen)
- Zeitliche Abgrenzung (nur die Werte der entsprechenden Betrachtungsperiode verwenden)

Ist dies durchgeführt, spricht man von Kosten und Leistungen.

Die Kosten und Leistungen werden mit so genannten Umlageschlüsseln auf die einzelnen Kostenstellen und danach auf die Kostenträger verteilt.

Es gibt Organisationseinheiten, die Kostenarten «verbrauchen», jedoch nicht direkt zur Leistungserbringung notwendig sind, zum Beispiel Personaldienst, Empfang etc., zum Teil auch allgemein als «Logistik» bezeichnet. Die Leistungsempfänger dieser Vorkostenstelle sind die Hauptkostenstellen, die meistens direkt Leistungen an den Kunden abgeben. Somit werden die Kosten dieser Vorkostenstellen zuerst auf diese Hauptkostenstellen abgewälzt.

Die Kosten der Hauptkostenstellen werden schliesslich mit verursachergerechten Schlüsseln auf die Kostenträger umgelegt.

In der Kostenträgerrechnung summieren sich die Einzelkosten und umgelegten Gemeinkosten zu den Ergebnissen Herstellkosten bzw. Selbstkosten. Der Vergleich mit den Erlösen ergibt den Erfolg pro Kostenträger.

Repetitionsfragen

57	Was ist der Unterschied zwischen Finanzbuchhaltung und Betriebsbuchhaltung?
63	Was sind sachliche Abgrenzungen?
4	Was sind zeitliche Abgrenzungen?
10	Was ist der Unterschied zwischen Aufwänden und Kosten?
16	Warum sind Vorkostenstellen nötig?

8 Die Kalkulation, Verrechnungspreise und Nutzschwellenanalyse

8.1 Die Kalkulation

Die Betriebsbuchhaltung kann Auskunft geben, wie gross die Kosten für die einzelnen Kostenträger für eine ganze Rechnungsperiode sind. Die Kalkulation beschäftigt sich mit der Frage, wie teuer nun eine verrechenbare Einheit sein wird, auf Basis der Kostenträgerrechnung. Verrechenbare Einheiten können sein:

- Stückpreise (z. B. ein Mailaccount)
- Arbeitsstunden
- Maschinenminuten (wie lange wird die Rechenzeit beansprucht?)
- Speicherplatz
- Transfermenge
- Etc.

Um diese Preise zu ermitteln, ist eine Kalkulation nötig. Man unterscheidet dabei

- Vorkalkulation
  Bestimmen, wie hoch die Kosten pro Einheit erwartet werden.
- Nachkalkulation
  Überprüfen, wie hoch die Kosten wirklich sind und wie gross die Abweichung ist, um entsprechende Korrekturmassnahmen einzuleiten.

8.1.1 Die Situation ohne Betriebsbuchhaltung und Kalkulation

Möchte man lediglich wissen, welche Mittel die ganze Unternehmung für das laufende Jahr benötigt, so könnte man sich theoretisch den Aufwand für den BAB sparen. Man muss lediglich die einzelnen budgetierten Kostenarten zusammenzählen. Niemand müsste sich um Kostenstellen kümmern. Am Ende würde feststehen: Die Unternehmung benötigt für das laufende Jahr 5 Mio. Franken. Es besteht keine Transparenz und einzelne Leistungen können nicht verrechnet werden.

8.1.2 Einfache Divisionskalkulation

Diese Art eignet sich vor allem für so genannte «Einprodukteunternehmen» oder für einzelne Kostenträger.

Beispiel

Die Selbstkosten des Service Mail machen Fr. 363 000.– aus. Bei 400 Kunden sind dies rund Fr. 908.–, die pro Kunde mindestens bezahlt werden müssen.

8.1.3 Zuschlagskalkulation

Die Zuschlagskalkulation eruiert mittels eines «Bottom-up»-Ansatzes die kritischen Kosten (Selbstkosten) eines Produktes oder einer Dienstleistung.

Der BAB stellt in sich bereits eine Zuschlagskalkulation dar. Für den «täglichen» Gebrauch ist er ein wenig zu umständlich. Daher versucht man die Umlagen mit Prozentsätzen zu eruieren:

Beispiel

Lohnkosten	100
Hardwarekosten	20
Kommunikationskosten	10
Lizenzkosten	150
Total 1	**280**
Umlage Service Mgmt	7
Umlage Engineering	17
Umlage Entwicklung	30
Umlage Betrieb	28
Total Umlage	**82**
Total Selbstkosten	**362**

Somit stellen die Umlagen (der Gemeinkosten der Kostenstellen) rund 29.3 % dar. Daher würde die Rechnung, im Falle der Servact AG vereinfacht aussehen:

Fertigungskosten Mail:	280
Gemeinkostenzuschlag 29.3 %:	82
Total Selbstkosten	**362**

8.1.4   Differenzierte Divisionskalkulation

Die differenzierte Divisionskalkulation stellt eine Erweiterungsform der einfachen Divisionskalkulation dar und eignet sich vor allem für Unternehmungen mit gleichartigen Produkten. So zum Beispiel für eine Brauerei, die verschiedene Sorten von Bier herstellt. Die Produkte

*   beanspruchen die Fertigungseinheiten jedoch in unterschiedlichem Ausmass,
*   der Rohstoffverbrauch ist unterschiedlich.

Beispiel

Ein Provider besitzt eine SMS-Infrastruktur, die auch für MMS genutzt wird. Wie sollen nun die Preise kalkuliert werden?

Selbstkosten Total pro Jahr: Fr. 100 000.–

Produkt	Menge / Jahr	Äquivalenz-ziffer	Rechnungs-einheit	Total Kos-ten Fr.	Kosten pro Stück Fr.
SMS	700 000	1	700 000	74 468	0.11
mms	60 000	4	240 000	25 532	0.43
			940 000	100 000	

Im Wesentlichen ist es eine normale Prozentrechnung. Die entsprechenden Mengen werden mit der Äquivalenzziffer multipliziert. Dies ergibt die so genannte Rechnungseinheit.

Die totalen Selbstkosten werden nun im Verhältnis der Rechnungseinheiten verteilt.

8.2 Verrechnungspreise

Die Verrechnungspreise sind in einer grösseren Organisation bzw. in einem Konzern ein Thema von grösserer Tragweite.

Kann eine zuliefernde Einheit wie die Informatik zu Selbstkosten verrechnen und damit den vollen Overhead abgeben, wird weniger auf eine schlanke und effiziente Organisation gedrängt. Sind dagegen nur Herstellkosten als Verrechnungspreise möglich oder zugelassen, ist es dieser Organisationseinheit unmöglich, ein ausgeglichenes Ergebnis auszuweisen.

Hier kommt auch unausweichlich das Thema Outsourcing zur Sprache. Ist es günstiger, die Dienstleistung extern zu beziehen oder intern zu erbringen? Hier zu intensiv auf dieses Thema einzugehen, ist nicht das Ziel dieses Moduls. Jedoch nur so viel:

Ein Outsourcingpartner muss (wie ein interner Mitarbeiter oder eine interne Organisationseinheit auch) in den Führungsprozess eingebunden sein. Das heisst, dass der Outsourcingpartner auch geplant, kontrolliert und gesteuert werden muss.

Meist wird dies bei der Berechnung einer Outsourcingoption vergessen. Der reine Verwaltungsaufwand für einen Outsourcingpartner dürfte unter diesem Aspekt nicht weniger hoch sein als bei einer internen Abteilung.

8.3 Nutzschwellenanalyse (Break-even-Analyse)

8.3.1 Überblick

Die Nutzschwellenanalyse ist ein Instrument, mit dem man bei gegebenen Kosten und Preisen berechnen kann, wie viel von einem Produkt (einer Dienstleistung) man absetzen muss, «to break even», d. h., damit man «eben rauskommt» und weder einen Gewinn noch Verlust macht. Liegt der Absatz über der Nutzschwelle, bleibt ein Gewinn, liegt der Absatz unter der Nutzschwelle, bleibt ein Verlust.

Denn wichtig ist im Endeffekt, dass die Erlöse, die mit den Produkten erzielt werden, mindestens die Selbstkosten decken, da sonst ein Verlust entsteht.

Um eine Nutzschwellenanalyse durchführen zu können, müssen wir wissen, wie Kosten und Erlöse auf den Absatz reagieren (oder ganz allgemein: auf die Bezugsgrösse, mit der die erbrachten Leistungen gemessen werden). Die Stichworte dazu sind «variabel» und «fix». Hier zunächst eine ganz kurze Erklärung (wir kommen ausführlicher gleich darauf zurück):

- Variable Kosten verändern sich in Abhängigkeit von der Änderung der Bezugsgrösse (bei steigendem Absatz nehmen sie zu, bei sinkendem Absatz nehmen sie ab). Das gilt entsprechend für die Erlöse (Erlöse sind der Natur gemäss meistens variabel).
- Fixe Kosten bleiben unabhängig von der Änderung der Bezugsgrösse gleich hoch (wenigstens jeweils innerhalb von bestimmten Grenzen, bevor es zu Kostensprüngen kommt). Grundsätzlich gilt das auch für Erlöse (allerdings kommen fixe Erlöse seltener vor als fixe Kosten).

Beachten Sie, dass die Begriffspaare «variable/fixe Kosten» und «Einzel-/Gemeinkosten» streng genommen nichts miteinander zu tun haben.

Das Begriffspaar «variable/fixe Kosten», um das es nun geht, bezieht sich auf das Verhalten von Kosten in Abhängigkeit der Bezugsgrössenänderung (z. B. Absatzmenge). Das Begriffspaar «Einzel-/Gemeinkosten», um das es im BAB ging, bezieht sich auf Zurechenbarkeit von Kosten auf die Kostenträger (direkt bzw. indirekt).

Auch wenn nun Einzelkosten wirklich überwiegend auch variable Kosten sind und Gemeinkosten eher fixer Natur sind, so dürfen doch nicht Einzelkosten mit variablen Kosten bzw. Gemeinkosten mit fixen Kosten gleichgesetzt werden.

[8-1]   Einzel-/Gemeinkosten versus variable/fixe Kosten

Kriterien	Variable Kosten	Fixe Kosten
Einzelkosten (direkte Kosten)	Viele Einzelkosten verändern sich mit dem Absatz, sind also variabel. Sie sind so häufig, dass oft (fälschlicherweise) Einzelkosten mit variablen Kosten gleichgesetzt werden.	Es kann aber auch Einzelkosten geben, die unabhängig von der Absatzmenge anfallen, und somit fix sind. Vorkommen allerdings seltener.
Gemeinkosten (indirekte Kosten)	Nicht wenige Gemeinkosten verändern sich mit dem Absatz, sind also variabel. Sie sind doch so häufig, dass es falsch wäre, Gemeinkosten einfach mit fixen Kosten gleichzusetzen.	Die Gemeinkosten fallen zu einem grösseren Teil unabhängig von der Absatzmenge an, sind also fix. Vorkommen, das zwar überwiegt; es wäre aber falsch, Gemeinkosten mit fixen Kosten gleichzusetzen.

Betrachten wir variabel und fix noch unter einem andern Aspekt, damit wir den für die Nutzschwellenanalyse zentralen Begriff des Deckungsbeitrags einkreisen können.

Variable Kosten werden auch als Produktkosten bezeichnet; es sind die Kosten, die im Produkt enthalten sind, die für seine Existenz anfallen. Jedes zusätzliche Produkt erhöht die gesamten Kosten um die variablen Kosten pro Stück.

Fixe Kosten wiederum werden auch als Strukturkosten (oder Gehäusekosten) bezeichnet; es sind die Kosten, die ohnehin anfallen, damit die Struktur (das Gehäuse, die Infrastruktur) für die Leistungserstellung vorhanden ist. Ob nun mehr oder weniger Produkte hergestellt und abgesetzt werden, hat auf die fixen Kosten keinen Einfluss, sie bleiben gleich hoch (allenfalls innerhalb von Grenzen).

Der Erlös sollte nun mindestens so hoch sein wie die variablen Kosten, d. h. die Produktkosten. Wenn der Erlös nicht einmal das einbrächte, was das Produkt für seine Herstellung kostet, dann lässt man das Produzieren besser gleich bleiben. Die variablen Kosten sind also eine absolute Untergrenze für den Preis eines Produktes.

Liegt der Preis über den variablen Kosten (was als Normalfall angesehen sein soll), dann verbleibt zwischen dem Erlös, den ein Produkt erzielt, und den variablen Kosten, die zu seiner Existenz anfallen, ein Überschuss, der als Deckungsbeitrag bezeichnet wird (Beitrag zur Deckung der fixen Kosten, und wenn diese gedeckt sind, an den Gewinn).

Zunächst nun die Einzelheiten zum Kostenverhalten (variabel/fix), danach behandeln wir die Ermittlung der Nutzschwelle mit Hilfe des Deckungsbeitrags.

8.3.2   Variable und fixe Kosten

Variable Kosten

Variable Kosten sind leistungsabhängig, beziehen sich also immer auf eine zu Grunde liegende Leistungsmenge und verändern sich mit dieser. Zur Vereinfachung geht man meist noch davon aus, dass variable Kosten proportional sind, sich also im gleichen Verhältnis wie die Menge verändern (doppelte Menge, doppelte Kosten).

Im IT-Umfeld treten als variable Kosten bspw. Lizenzkosten bei Lizenzmodellen je Benutzer auf. Die Kosten für die Lizenzen steigen bei Zunahme der Anzahl Benutzer und sinken entsprechend bei Abnahme der Anzahl Benutzer.

[8-2]   Variable Kosten

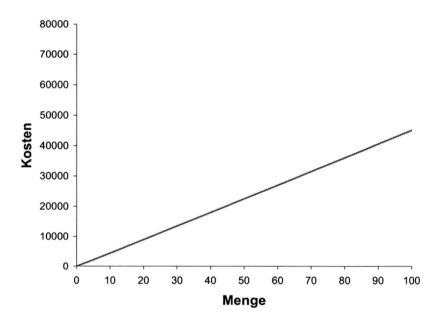

Fixe Kosten (oder auch: Fixkosten)

Fixe Kosten sind nicht leistungsabhängig, verändern sich also nicht (wenigstens nicht innerhalb von bestimmten Leistungsspektren).

Im IT-Umfeld treten als fixe Kosten bspw. Personalkosten für Supporter oder Call-Center-Mitarbeiter auf. Diese Personalkosten verändern sich nicht, egal ob an einem Tag viele Benutzer ans Call-Center gelangen und Supportdienstleistungen anfordern oder ob es nur wenige sind. Nimmt die Zahl der Anfragen stetig zu, müssten allenfalls weitere Mitarbeiter angestellt werden. Damit steigen die Fixkosten ab einer bestimmten Leistung einmalig sprunghaft an, es entsteht ein Fixkostensprung.

[8-3]   Fixkosten

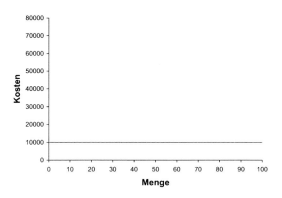

[8-4]   Sprungfixe Kosten

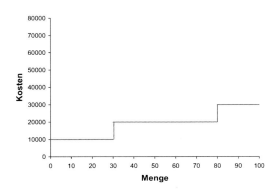

Sprungfixe Kosten oder so genannte Fixkostensprünge treten immer dort auf, wo die Kapazitäten erweitert werden müssen und diese Erweiterung einen zusätzlichen Kostenblock verursacht. Relevant ist also die Überschreitung einer Leistungsschwelle, die einen solchen Fixkostensprung auslöst.

Fügt man den Verlauf der variablen Kosten mit dem Verlauf der fixen Kosten zusammen, ergibt sich der Verlauf der Gesamtkosten (= Selbstkosten aus fixen und variablen Kosten).

[8-5]   Gesamtkosten mit variablen und fixen Kosten

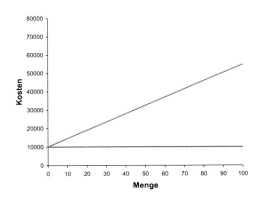

[8-6] Gesamtkosten mit variablen und sprungfixen Kosten

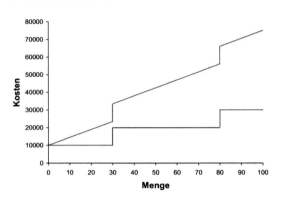

8.3.3 Deckungsbeitrag und Nutzschwelle

Damit die Nutzschwelle berechnet werden kann, muss ein neuer Begriff eingeführt werden, der Deckungsbeitrag.

Als Deckungsbeitrag (DB) wird die Differenz zwischen Erlös und variablen Kosten bezeichnet. Der Deckungsbeitrag dient zunächst der Deckung der fixen Kosten und trägt, sobald diese (bei der Nutzschwelle) gedeckt sind, zum Gewinn bei. Die folgende Abbildung zeigt die Situation mit einem Gewinn, in der der Überschuss des gesamten Erlöses über die gesamten variable Kosten hoch genug ist, um die gesamten fixen Kosten zu decken und zum Gewinn beizutragen.

[8-7] Prinzip des Deckungsbeitrages

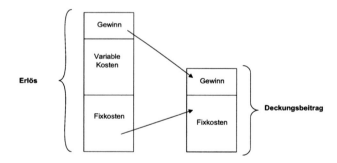

Hinweis

▷ Im Gegensatz zur Vollkostenrechnung, die alle angefallenen Kosten auf die Kostenträger verteilt, werden in der Deckungsbeitragsrechnung nur die variablen Kosten auf die Kostenträger übertragen[1]. Diese Berechnungsart nennt man auch Teilkostenrechnung.

Nutzschwelle

Unter Nutzschwelle wird diejenige Leistungsmenge (mengenmässige Nutzschwelle) bzw. derjenige Umsatz (wertmässige Nutzschwelle) verstanden, die bzw. der erreicht werden muss, damit weder Gewinn noch Verlust erwirtschaftet wird.

---

[1] Die Deckungsbeitragsrechnung ist ein Teilgebiet bzw. eine Analyse- und Darstellungsmethode der Teilkostenrechnung.

- Mengenmässige Nutzschwelle (NSM)
  Bei der mengenmässigen Nutzschwelle entspricht die Summe aller Deckungsbeiträge je Leistungseinheit den gesamten Fixkosten.
- Wertmässige Nutzschwelle (NSW)
  Bei der wertmässigen Nutzschwelle entspricht der gesamte erzielte Erlös (Umsatz) den gesamten Kosten.

[8-8] Grafische Darstellung der Nutzschwellen

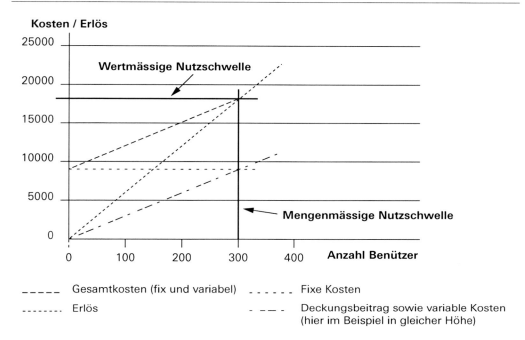

- - - - - Gesamtkosten (fix und variabel)   . . . . . Fixe Kosten
. . . . Erlös   - . - . - Deckungsbeitrag sowie variable Kosten
                                                          (hier im Beispiel in gleicher Höhe)

Beispiel

Die Handels Holding AG möchte von Servact AG eine neue Dienstleistung beziehen. Es geht dabei um eine Applikation, die es erlaubt, alle internen Formulare elektronisch anzubieten und auch elektronisch ausfüllen zu können. Es gelten folgende Angaben:

Maximalpreis pro Benützer, die die Handels Holding pro Monat zahlen will:	Fr. 60.–
Variable Kosten pro Monat seitens Servact AG für Lizenzen etc.	Fr. 30.–
Fixkosten pro Monat	Fr. 9 000.–
Voraussichtliche Benutzerzahl	350

Anhand der Nutzschwellenanalyse soll eruiert werden, ob sich dieser Auftrag lohnt. Die Berechnung der mengenmässigen Nutzschwelle sieht wie folgt aus:

$$NS_M = \frac{Fixkosten}{Erlös\ je\ Benutzer - variable\ Kosten\ je\ Benutzer}$$

$$NS_M = \frac{9000}{60 - 30} = 300$$

Da die Nutzschwelle bei 300 Benutzern liegt, lohnt sich der Auftrag.

Bei der Berechnung der wertmässigen Nutzschwelle wird der kritische Umsatz eruiert, das heisst, derjenige Umsatz, der mindestens erzielt werden muss, um keinen Verlust zu erzielen.

Ist bereits eine mengenmässige Nutzschwelle eruiert, kann diese mit dem Erlös je Benutzer multipliziert werden, was die wertmässige Nutzschwelle ergibt.

Beispiel

Die Berechnung der wertmässigen Nutzschwelle der Servact AG mit den gleichen Angaben wie oben sieht wie folgt aus:

$$NS_W = NS_M \cdot \text{Erlös je Benutzer} = 300 \cdot 60 = 18\,000$$

Somit muss die Servact AG mindestens einen Umsatz von Fr. 18 000 machen, damit der Service keinen Verlust macht.

Ist noch keine mengenmässige Nutzschwelle errechnet worden, kann die wertmässige Nutzschwelle direkt eruiert werden.

Beispiel

Der Deckungsbeitrag macht wertmässig 50 % vom Erlös aus (Deckungsbeitragsmarge DBM = 50 %). Um die Fixkosten zu decken (die wertmässige Nutzschwelle zu erreichen), müssen Deckungsbeiträge in der gleichen Höhe erzielt werden; und da die Deckungsbeiträge 50 % des Umsatzes ausmachen, muss der erzielte Umsatz mindestens doppelt so hoch sein wie die Fixkosten.

Erlöse insgesamt (60 · 350)	21 000.–	100 %
Variable Kosten gesamt (30 · 350)	10 500.–	
Deckungsbeitrag gesamt	10 500.–	50 %
Fixkosten	9 000.–	50 %
Nutzschwelle	18 000.–	100 %

Bei einer Benutzerzahl von 350 würde ein Gewinn von 1 500 erzielt. Nachweismöglichkeiten:

1 500 = 10 500 (erzielter Deckungsbeitrag) – 9 000 (zu deckende Fixkosten)

1 500 = 21 000 (erzielter Erlös) – 10 500 (variable Kosten) – 9 000 (Fixkosten)

1 500 = 50 % (DBM) · 3 000 (Erlösüberschuss über der Nutzschwelle (21 000 – 18 000))

1 500 = 30 (DB pro Stück) · 50 (Menge jenseits der mengenmässigen NS von 300)

Die Kalkulation der Servact AG beruht auf der Tatsache, dass die Bewirtschaftung von 350 Benutzern Fixkosten von Fr. 9 000.– pro Monat verursachen.

Wenn aber die Handels Holding alle 400 Mitarbeiter damit ausrüsten will, würde dies einen Fixkostensprung von zusätzlich Fr. 4 000.– auslösen (z. B. zusätzlichen Server).

Je Fixkostensprung muss daher eine zusätzliche Nutzschwelle berechnet werden:

Beispiel

Mit diesen erweiterten Angaben ergäbe dies folgende Berechnung für Sepp:

$$\text{Erste } NS_M = \frac{\text{Fixkosten}}{\text{DB je Benutzer}} \qquad \text{Erste } NS_M = \frac{9000}{30} = 300$$

$$\text{Zweite } NS_M = \frac{\text{Fixkosten}}{\text{DB je Benutzer}} \qquad \text{Zweite } NS_M = \frac{13000}{30} = 433$$

Wenn die Servact AG genau 400 Benützer unterstützen müsste, dann würde sie einen Verlust machen.

Somit könnte die Servact AG diese Dienstleistung nicht mehr zu diesem Preis anbieten.

Stehen die Kosten pro Kostenträger fest, muss kalkuliert werden, zu welchen Konditionen diese Kostenträger verkauft werden müssen oder können. Hierfür gibt es Ansätze wie:

- Divisionskalkulation
- Zuschlagskalkulation
- Differenzierte Divisionskalkulation

Die Nutzschwelle ist der Punkt, ab dem ein Service Gewinn einfährt.

Dazu muss man wissen, wie hoch der so genannte Deckungsbeitrag ist, also derjenige Teil des Erlöses, der über den variablen Kosten liegen. Mit dem Deckungsbeitrag lässt sich errechnen, wann der Break-even-Point (Nutzschwellenwert) erreicht ist.

Repetitionsfragen

22	Für was wird eine Kalkulation durchgeführt?
28	Was ist der Unterschied zwischen variablen und fixen Kosten?
34	Was ist der Deckungsbeitrag und wofür wird er gebraucht?
40	Was bedeutet Nutzschwelle?
46	Was ist bei Outsourcing zu beachten?

Teil D   Budgetierungsmethoden und -verfahren

Einleitung, Lernziele und Schlüsselbegriffe

Zum Einstieg

Budgetierungsmethoden

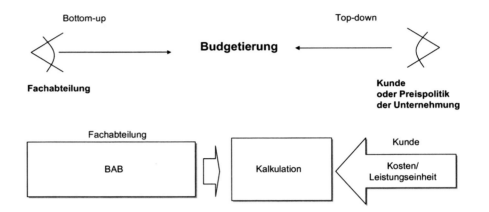

Die Berechnungsmodelle bestehen nun. Bei der Budgetierung muss auch das Budgetverfahren festgelegt werden. Von welcher Seite her wird betrachtet? Gibt der Kunde oder die Unternehmung die Preise vor oder die Fachabteilung alles?

Lernziele und Lernschritte

	Lernziel	Lernschritte
☐	Hilfsmittel für den Budgetierungsprozess bestimmen und für den Einsatz vorbereiten. Nachvollziehbarkeit und Plausibilität des Budgets damit überprüfen.	• Kennt Prinzipien zur Erarbeitung eines Budgets (Zero Base Budgeting, Fortschreibung) und kann erläutern, wie sich diese auf den Budgetierungsaufwand und die Budgetierungsqualität auswirken

Schlüsselbegriffe

Autoritäres Budgetwesen, Bottom-up-Budgetierung, Budgetierungsgrundsätze, Budgetverantwortung, Fortschreibung, Gegenstromverfahren, partizipatives Budgetwesen, Top-down-Budgetierung, Zero Base Budgeting

9 Methoden und Formen der Budgetierung

9.1 Formen der Budgetierung

- Autoritäres Budgetwesen
  Beim autoritären Budgetwesen werden Ziel und Vorgaben von der Unternehmensleitung festgelegt und jeder Abteilung zugewiesen.
- Partizipatives Budgetwesen
  Hingegen beruht das partizipative Budgetwesen auf einer Zusammenarbeit aller Betroffenen, was eine genaue und realistische Arbeits- und Verantwortungsteilung voraussetzt. Das Management übernimmt eine Ausgleichsfunktion, indem es bei Konflikten zwischen den einzelnen Unternehmensbereichen vermittelt.

9.2 Budgetierungsansätze

- Top-down-Budgetierung (retrograde Budgetierung)
  Die Budgetierungsverantwortlichen leiten Rahmendaten aus der strategischen Planung ab, keine Partizipation der anderen Einheiten.
- Bottom-up-Budgetierung (progressive Budgetierung)
  Budgeterstellung von untergeordneten Ebenen aus. Maximale Partizipation der einzelnen Einheiten. Informationen sind aber unter Umständen nicht wahrheitsgetreu und es besteht ein erhöhter Koordinationsbedarf.
- Budgetierung im Gegenstromverfahren
  Grobe Vorgabe der Zentrale (top down) mit anschliessender Bottom-up-Phase. Dies bedingt mehrere Durchläufe, bis das Budget definiert ist.
- Fortschreibung
  Fortschreibung basiert auf Veränderungsparametern der Vorjahreszahlen. Anhand von Vergangenheitswerten und einer geschätzten Veränderung wird ein Budgetwert ermittelt. Lohnkosten können beispielsweise auf diese Art budgetiert werden:
  Lohnkosten Planjahr = Lohnkosten Ist · 103.5 %
- Zero Base Budgeting
  Zero Base Budgeting basiert auf der Erhebung und der Hinterfragung der tatsächlich geplanten Aktivitäten und zwingt damit zur aufgabengerechten Ermittlung der Kosten von knappen Ressourcen. Zero Base Budgeting ist im Gegensatz zur Fortschreibung allerdings verhältnismässig aufwändig.
  Umgesetzt wird dies, indem alle finanziellen Mittel faktisch auf null gesetzt werden.
  Man bekommt zunächst nur so viel Geld, um den gesetzlichen oder rechtlichen Verpflichtungen nachzukommen (laufende Rechnungen etc.). Für jeden weiteren Franken braucht es eine Begründung.

9.3 Budgetverantwortung

Ein besondere Rolle kommt der Budgetverantwortung im Rahmen von Kundenetats zu. Wer budgetiert für wen? Hier gibt es prinzipiell folgende Ansätze:

- Budget ist beim Kunden
  In vielen Unternehmungen wird die Budgetverantwortung dem Kunden respektive dem Anwender übergeben. Dies bedeutet, dass der Kunde budgetiert, was er zu zahlen gedenkt. Es soll also dort budgetiert werden, wo der Bedarf nach IT-Leistungen entsteht.
  Eines der Probleme ist hierbei, dass der Kunde in der Regel nicht genau weiss, wie viel

er überhaupt budgetieren will oder soll. Er muss mit den Fachabteilungen Rücksprache nehmen. Daraus können weitere Probleme entstehen:

Wenn eine IT-Abteilung einen zentralen Service zur Verfügung stellt wie z. B. DNS (Domain Name Service), dann wird es oft sehr schwierig, einen Kunden davon zu überzeugen, dass entsprechende Projekte zur Erneuerung, Ausbau etc. nötig sind. Die IT-Abteilung findet dann keinen Sponsor für die nötigen Aufgaben.

- Budget ist beim Dienstleistungsanbieter
  Die andere Optik ist, dass der Dienstleistungsanbieter, das heisst die Informatik budgetiert. Das Problem dabei ist, dass der Dienstleister meistens gar nicht weiss, was der Kunde eigentlich will, und beginnt, eigene Interessen durchzusetzen.

- Gemischte Ansätze
  Eine andere, oft praktizierte Lösung ist, dass der Dienstleister das Budget erstellt und dann dem Kunden übergibt.

9.4   Budgetierungsgrundsätze

9.4.1   Vollständigkeit

Alle Vorgänge, die in einem Unternehmen zu Wertzu- und -abflüssen führen, müssen im Budget berücksichtigt werden, sonst werden falsche Fakten generiert, die das gesamte Bild verzerren.

9.4.2   Einheitlichkeit

Budgets müssen auf einander abgestimmt sein. Wurde einmal beschlossen, ein entsprechendes Budgetsystem zu benutzen, so müssen die Teilbereiche mit dem gleichen System arbeiten. Sonst müssen Informationen aufwändig transformiert werden, was zu Unstimmigkeiten führen kann.

9.4.3   Zentralisation

Das Gesamtbudget muss zentral geführt werden. Nur so ist sichergestellt, dass die Informationen aus der Budgetierung die entsprechende Managementstufe erreichen.

9.4.4   Transparenz

Das Budget ist so aufzustellen, dass sich alle Beteiligten in diesem Budget wieder finden können. Dies gilt sowohl für das Sammeln wie auch für das Verteilen von Informationen. Nur so können die Mitarbeiter motiviert werden.

9.4.5   Exaktheit

Ausgewiesene Positionen müssen exakt ermittelt werden. Lieber eine Position nicht ausweisen, als mit falschen Angaben weiterzuarbeiten. Dies kann sonst zu Fehlentscheidungen und Fehlüberlegungen führen.

9.4.6   Aussagekraft

Ein Teilbereich soll nur ein Budget ausfüllen müssen und nicht mehrere. Es darf nicht sein, dass an einem Tag eine Position budgetiert werden muss und am anderen Tage eine andere Position. Zum Beispiel dass einmal die gesamten Investitionen ausgewiesen werden müssen und eine Woche später die Investitionen noch auf verschiedene Kostenträger verteilt angegeben werden müssen. Die Systeme sollen so aufgebaut sein, dass alle Informationen auf einmal gesammelt werden können.

9.4.7 Periodizität

Ein Budget muss die Angaben enthalten, für was es verwendet werden soll und wie lange die Angaben Gültigkeit haben sollen.

9.4.8 Wirtschaftlichkeit

Aufwand und Nutzen müssen gegenseitig abgewogen werden. Dies hat vor allem einen Einfluss auf den Detaillierungsgrad einer solchen Budgetierung, das heisst, wie detailliert werden die Informationen den jeweiligen Verantwortlichen abverlangt, was wiederum einen Einfluss auf die Komplexität und Qualität der Budgets hat.

Beispiel

Sepp im Glück. Er hat alles fest im Griff und will nun die erste Budgetrunde durchführen. Welche Methoden will er anwenden?

Er beschliesst, intern das Bottom-up-Verfahren anzuwenden, da es die erste Budgetrunde ist, und entwirft die entsprechende Planung.

Da die Servact AG wie eine interne Abteilung aus Sicht der Handels Holding betrachtet wird, muss Sepp mit den Controllern der Handels Holding absprechen, wer nun budgetiert. Ist es die Handels Holding, die im Top-down-Verfahren Zahlen vorgibt, oder die Servact im Bottom-up-Verfahren?

Man entschliesst sich, hier ebenfalls das Bottom-up-Verfahren anzuwenden, das heisst, die Servact AG wird sagen, wie viel sie benötigt, und das Budget liegt zudem bei der Servact AG.

Entscheidend für die Planung der Budgetierung ist der Ausgangspunkt, von wo aus budgetiert wird.

Beim Top-down-Verfahren werden die wichtigsten Eckdaten vorgegeben, entweder durch die Unternehmung oder den Kunden, und es muss die Feinverteilung innerhalb der Fachabteilungen geregelt werden.

Beim Bottom-up-Ansatz geben die Fachabteilungen die Zahlen vor.

Je nachdem, bei wem die Budgetverantwortung liegt, wird dadurch die Richtung bereits vorgegeben.

Repetitionsfragen

52	Welchen Einfluss hat die Organisationsform auf die Budgetierung bezüglich des Vorgehens der Budgetierung?
58	Welche Budgetierungsansätze kennen Sie?
5	Wann wird vermutlich eher das Gegenstromverfahren angewandt?

11	Was sind die Gefahren der autoritären Budgetierung?
17	Was sind die Chancen der autoritären Budgetierung?
23	Was versteht man unter der Durchsichtigkeit des Budgets und was sind die Vorteile davon?

Teil E   Der Budgetierungsprozess

Einleitung, Lernziele und Schlüsselbegriffe

Zum Einstieg

Der gesamte Budgetierungsprozess präsentiert sich wie folgt:

Budgetierungsprozess

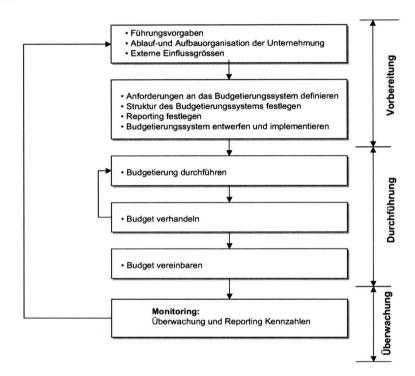

Der Prozess lässt sich im Wesentlichen gliedern in eine Vorbereitungsphase, in der alle nötigen Definitionen, wie Aufbau der Budgetsysteme, die Einflussgrössen, die Werkzeuge und Hilfsmittel, sowie die prinzipielle Vorgehensmethode definiert werden. Dies wurde bereits in den vorangehenden Kapiteln beschrieben.

Die nächste Phase ist die eigentliche Durchführung der Budgetierung, also das Sammeln der Informationen und die Verhandlungen mit dem Kunden.

Wurde das Budget einmal verabschiedet, so muss es laufend überwacht werden; bei Abweichungen müssen sofort entsprechende Massnahmen eingeleitet werden.

Die Erkenntnisse aus der jeweiligen Periode fliessen dann bei der nächsten Budgetierung ein.

Lernziele und Lernschritte

	Lernziel	Lernschritte
☐	Budgetierungsprozess durchlaufen und Ergebnisse (Budgetpositionen) für den Budgetentwurf aufbereiten.	Kennt Kriterien zur Überprüfung der Plausibilität und Nachvollziehbarkeit eines Budgets und kann aufzeigen, wie damit die Budgetqualität und -sicherheit gewährleistet werden kann.

Schlüsselbegriffe

Aufgaben, Verantwortung und Kompetenzen, Budgetierungsprozess, Budgetrunde, Budgetverhandlung, dezentrales Controlling, Dienstleistungsvertrag, Fachabteilungen, Frühwarnindikatoren, IT-Kennzahlen, Key Performance Indicator, Kommunikation, Kostenbewusstsein, Mitarbeiter, Monitoring, Obligo, Service Level Agreement, zentrales Controlling

10 Aufgaben, Kompetenzen und Verantwortung

10.1 Verantwortung für die Durchführung der Budgetierung

Wie bereits schon einleitend dargestellt, ist das Controlling im Wesentlichen dafür besorgt, dass ein Budgetierungsprozess besteht und dass dieser wahrgenommen wird.

10.1.1 Zentrales Controlling

Das zentrale Controlling (ZC) unterstützt die Gesamtsteuerung der Unternehmung. Verantwortliche höherer Führungsstufen mit dem entsprechenden Verantwortungsbereich werden ihre Controlling-Aufgaben nur mit Hilfe einer Stabsstelle erfüllen können. Aufgaben des ZC sind,

- für die Unternehmensleitung die Informationen aufzubereiten und bereitzustellen, die sie für ihre Entscheidungen benötigt,
- die Informationen im Massstab der Unternehmung zu interpretieren und mit den entsprechenden Zielvorgaben zu vergleichen und
- ggf. Steuerungsempfehlungen auszuarbeiten.

Das ZC stützt sich dabei auf ein Berichtsystem, das regelmässig von den einzelnen Teilbereichen (Fachstellen) gespeist wird.

Die vom ZC bereitgestellten Informationen beziehen sich nicht auf Details (z. B. wer nun genau welche Kosten verursacht), sondern auf grössere Komplexe, wie zum Beispiel:

- Fachbereiche
- Produktegruppen
- Personalwirtschaft

10.1.2 Dezentrales Controlling

Dezentrales Controlling hilft den Fachabteilungen. Jede Führungskraft hat grundsätzlich auch Controlling-Aufgaben wahrzunehmen.

Allerdings gilt auch hier: Je komplexer der Aufgabenbereich, desto eher wird eine dem Fachbereichsleiter unmittelbar zugeordnete Stabsstelle benötigt.

Das dezentrale Controlling legt viel mehr Wert auf die Details. Dabei werden die folgenden Informationen benötigt:

- Zielbeschreibung (quantitativ und qualitativ)
- Zielerreichung
- Aufwand (Kosten für Personal, Sachmittel, Anlagen), Erträge (Erlöse, Verrechnungen, Zuweisungen)
- Kostendeckungsgrad
- Soll-Ist-Vergleiche und Ausarbeitung von Massnahmen bei Abweichungen
- Unterstützung bei der Budgetierung, vor allem bei der lang- und kurzfristigen Planung und des Mittelbedarfs

Dezentrales und zentrales Controlling müssen dabei eng zusammenarbeiten und sich gegenseitig absprechen, damit das gesamte Budgetsystem in sich konsistent geführt werden kann.

10.2   Fachabteilungen

Die Fachabteilungen sind, wie oben beschrieben, für das dezentrale Controlling verantwortlich. Innerhalb dieses Controllingprozesses haben sie ihre Aufwände zu budgetieren und zusammenzutragen. Sie sind aber wie auch für das Monitoring und die Einhaltung des vorhandenen Budgets verantwortlich.

10.3   Mitarbeiter

Die Mitarbeiter der Fachabteilungen melden den Vorgesetzten die benötigten Ressourcen, die von den Vorgesetzten zusammengetragen und an die Leiter der Fachabteilungen weitergeleitet werden.

10.4   Freigabe von Budgets

Obwohl, richtig durchgeführt, entsprechende Budgets in der Regel vorhanden sind, heisst das noch lange nicht, dass dieses einfach so verwendet werden darf.

Budgetierung heisst in den meisten Fällen, dass die Unternehmung die nötigen Mittel bereitgestellt hat. Meist an zentraler Stelle.

In vielen Unternehmungen wird einerseits aus Kostenkontrolle, andererseits sicher auch aus Führungssicht (Kompetenzregelungen) erwartet, dass sich die entsprechenden Stellen an die Finanzverantwortlichen wenden und dort die budgetierten Mittel «beantragen». Beantragen heisst, dass diese nun für einen bestimmten Zweck gebraucht werden dürfen.

Damit behält die Unternehmung jederzeit den Überblick, wie viel von den budgetierten Mitteln noch vorhanden ist. Weiter ist man so auch in der Lage, in speziellen Fällen Budgets umzuschichten.

Wenn zum Beispiel Abteilung X ein wichtiges, unvorhergesehenes Projekt durchführen muss, aber kein Budget dazu hat, so wird dieses oft von den anderen Stellen «zusammengekratzt». Es bleibt also die Flexibilität, auch in letzter Minute Ressourcen anders zu verteilen.

Zusätzlich gibt es die Möglichkeit, übermässigen Ressourcenverbrauch zu erkennen, bevor er überhaupt entsteht.

In den meisten Fällen wird bei einer Investition zuerst ein Vertrag unterzeichnet. Normale Bedingungen sind, dass zuerst vom Lieferanten geliefert werden muss, bevor die Zahlungen erfolgen. Dazwischen können beträchtliche Zeitspannen liegen. Dies führt dazu, dass auf dem Papier das Budget noch vorhanden ist, die Mittel jedoch bereits faktisch ausgegeben wurden. Man nennt dies auch ein «Obligo», eine Verpflichtung, die noch zu erfüllen ist.

Mit der Budgetfreigabe hat man eine zusätzliche Kontrolle über diese Obligos.

Innerhalb des Budgetierungsprozesses müssen die Verantwortungen (Rollen) festgelegt sein. Es wird unterschieden zwischen

- Controlling,
- Fachabteilungen (Budgetierung und Einhaltung der dadurch definierten Ziele) und
- Mitarbeiter.

Nur wenn jeder seine Aufgabe kennt, kann ein effizienter Budgetierungsprozess garantiert werden.

Ebenso wichtig ist die Kommunikation zwischen diesen Rollen. Funktioniert diese nicht oder ist sie nur ungenügend, ist der Erfolg der Budgetierung in Frage gestellt, da sonst nicht die richtigen Werte zusammengetragen werden.

Mit der Budgetfreigabe ist eine Unternehmung oder Fachabteilung in der Lage, zu kurzfristigen Steuerungszwecken Budgetmittel umzuschichten oder zu blockieren.

Weiter erkennt man eine übermässige Verwendung der Ressourcen, bevor diese unwiderruflich abgebucht wurden.

Repetitionsfragen

29	Wieso müssen bei der Budgetierung die Aufgaben, Kompetenzen und Verantwortung geregelt werden?
35	Was sind die Aufgaben der Fachabteilungen?
47	Was sind die Kompetenzen der Fachabteilungen?
53	Was umfasst die Verantwortung der Fachabteilungen?
59	Wofür werden zusätzliche Budgetfreigabeverfahren eingesetzt?

11 Durchführung der Budgetierung

11.1 Erfolgsfaktor Kommunikation

Bei der Budgetierung ist die Förderung der Kommunikation ein grundsätzlich wichtiger Erfolgsfaktor. Die Qualität der in Budgets enthaltenen Planung hängt von den eingehenden Informationen ab.

Die zentrale Budgetierungsinstanz besitzt meist nur grobes Wissen um die konkreten Verhältnisse in einzelnen Abteilungen und Bereichen. Daher sind Berichte erforderlich. Probleme, die dabei entstehen können, sind

- verspätete Informationen,
- überhöhter Detaillierungsgrad,
- Informationsüberflutung,
- Beschränkung auf monetär quantifizierte Grössen,
- unklare Definition der Informationskategorien und
- Inkonsistenz der Information für unterschiedliche Managementebenen und -bereiche.

Entscheidungsbefugnisse sind in der Regel auf viele Personen verteilt. Die Informationsbeschaffung obliegt daher meist den Bereichsmanagern, die die Informationen sammeln und verdichten.

Hiervon gehen aber Gefahren aus. Sind die Informationen der Bereichsmanager wirklich korrekt? Man nennt diesen Effekt asymmetrische Informationsverteilung und Zielkonflikte. Denn Entscheidungsträger erhalten Kompetenzen und werden anhand Beurteilungsgrössen gemessen. Dies führt zu Konflikten mit Zielen der Unternehmensleitung, da der Entscheidungsträger alles daransetzen wird, dass sein Ziel erreicht wird.

11.2 Budgetrunden

Bei der Durchführung gilt es zu unterscheiden:

- Erster Budgetierungsdurchlauf mit einem komplett neuen Budgetierungssystem
- Wiederholter Budgetierungsdurchlauf

Letzterer ist sicher einfacher, da auf Erfahrungswerte des letzten Jahres zurückgegriffen werden kann.

Wird ein komplett neues Budgetierungssystem eingeführt, so fehlen diese Erfahrungswerte oft. Es bleibt wohl nichts anderes übrig, als in den meisten Fällen das Gegenstromverfahren anzuwenden.

Die Unternehmung gibt die wichtigsten Kenngrössen bekannt. Diese werden an die einzelnen Abteilungen weitergeleitet, die diese wiederum an ihre Sektion heruntergebrochen verteilen.

In den Sektionen werden nun die entsprechenden Budgets erstellt und auf dem gleichen Weg zurückgeschickt. Erfahrungsgemäss werden hier die ersten Differenzen zwischen den Vorgaben und dem tatsächlichen Bedarf ersichtlich.

Nun finden Budgetverhandlungen statt und man versucht sich in mehreren Durchläufen zu nähern.

11.3   Budgetverhandlung

[11-1]   Ablauf Budgetverhandlungen

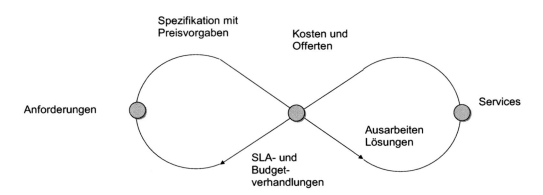

Wer verhandelt nun eigentlich mit wem? Es geht im Wesentlichen darum, dass der Kunde sagt: «Hier hast du das Budget, und das will ich von dir» oder der Lieferant sagt: «Das ist dein Budget, also bekommst du das von mir». Man könnte diese Budgetverhandlung im übertragenen Sinne daher auch «Preisverhandlung» nennen.

Budgetverhandlungen sind iterative Prozesse. Der Kunde hat Anforderungen und formuliert diese. Die IT-Abteilung versucht, aufgrund der Anforderungen entsprechende Kosten zu kalkulieren, und gibt diese, meist über Offerten, an den Kunden zurück. Nun bestehen folgende Optionen bezüglich der Preis- und Leistungsverhandlungen:

- Der Kunde reduziert die Anforderungen.
- Die Informatik versucht mit einfacheren Mitteln die Anforderungen zu lösen.

Der Budgetprozess ist ein Findungsprozess. In der heutigen Zeit werden überall Kosten gespart. Das heisst, es existieren Preis- und Kostenvorgaben, die nur durch Abbau und Reduktion von Kapazitäten und Leistungen erreicht werden können.

Dennoch, ein Budget muss und soll verhandelbar sein und bleiben, wenn auch in immer kleinerer Bandbreite. Verhandlungstechniken sind hier ein zentrales Thema. Die vier Haupthindernisse in der Entwicklung neuer Möglichkeiten sind:

- Ein vorschnelles Urteil: Nichts schadet der Kreativität so sehr wie ein kritischer Sinn, der nur darauf wartet, die Nachteile jeder neuen Idee sofort hervorzuheben, statt mit deren Beurteilung noch zu warten.
- Die Suche nach «der» richtigen Lösung: Die Festlegung des einen Ziels bedeutet eine Einengung der Möglichkeiten. Die Parteien rechnen mit einem Sieg oder einer Niederlage, was eher zum Abbruch der Verhandlung führt, statt die Zahl der Optionen zu erhöhen.
- Die Annahme, dass der «Kuchen» begrenzt sei: Die Optionen beschränken sich auf ein «Entweder/Oder», anstatt nach Vorteilen für alle Seiten Ausschau zu halten.
- Die anderen sollen ihre Probleme selbst lösen: Dadurch wird eine gemeinsame Problemlösung und eine Entwicklung von Entscheidungshilfen verhindert.

11.3.1 Vorbereitung auf eine Budgetrunde

Mit welchem Material soll man sich nun auf eine Budgetrunde vorbereiten? Vor allem müssen so genannte «Fakten» produziert werden. Als zweckmässig haben sich folgende Punkte erwiesen:

- Risikoanalyse bei Erhalt des Budgets
  Welche Risiken entstehen, wenn das Budget entsprechend den Forderungen gesprochen wurde?
- Risikoanalyse bei Nichterhalt des Budgets
  Welche Risiken entstehen, wenn das Budget entsprechend den Forderungen nicht gesprochen wird?
- Benchmarks
  Welche finanziellen Mittel werden in Vergleichsunternehmungen verwendet?
- Break-even-Analyse
  Wann wird sich allenfalls ein Break-even einstellen, wenn das Budget gesprochen wurde?
- Kosten/Nutzen-Analyse
  Und wie hoch wird der Nutzen der finanziellen Mittel sein, wenn sie gesprochen werden? Dies im Vergleich dazu, wenn das Budget nicht gesprochen würde.

11.3.2 Budgetsparrunden

Je nach wirtschaftlicher Lage muss sich auch die Informatik entsprechend anpassen. Übertriebene Forderungen nach Ressourcen müssen Zweckmässigkeit Platz machen.

Kostenbewusstsein

Einsparungen gehen ab einem gewissen Grad auf Kosten der Individualität des Benutzers. Werden Systeme rein kostenbewusst aufgebaut (Standardartikel, Standardeinstellungen) und betrieben (Sicherheitsmechanismen gegen Abänderung der Standards), so wird die individuelle Datenverarbeitung in ihrer grundlegenden Bedeutung verletzt.

Hier muss ein Gleichgewicht zwischen Kostenbewusstsein und Individualität gefunden werden. Nachfolgend sieben Arten, wie nicht gespart werden sollte:

- Kostensenkung als vorübergehende Managementaufgabe
  Kostensenkung ist eine permanente Aufgabe.
- Kostensenkung ohne Identifikation der Kostentreiber
  Z. B. Überhöhte Personalkosten haben eine Ursache. Ohne deren Kenntnis lässt sich kaum sparen.
- Kostensenkung ohne Durchleuchtung der Geschäftssegmentierung
  Fehlendes BPR (Business Prozess Reengineering).
- Kostensenkung «Management by Rasenmäher»
  Keine globalen Vorgaben wie «Überall 10 % Einsparungen».
- Kostensenkung ohne Fokussierung
  Es kann nicht überall gleichzeitig gespart werden.
- Kostensenkung ohne Prozessoptimierung
  Kostensenkung über BPR.
- Kostensenkung ohne Erfolgskontrolle
  Massnahmen müssen messbar sein.

Dagegen sollte man sich auf das eigene Sparpotenzial konzentrieren. Es können folgende Fragen gestellt werden:

- Wurde der Einkauf auf Rabattleistungen untersucht?
- Wurden wiederkehrende Aufgaben (Support, Administration etc.) wirklich gut rationalisiert und automatisiert? Oft werden Abläufe manuell verrichtet, obwohl diverse Tools auf dem Markt dies erleichtern würden.
- Wie weit wurde die Komponentenvielfalt standardisiert? Wie weit ist deren Standardkonfiguration definiert?
- Wurden Softwarelizenzverträge (Betriebssysteme, Applikationssoftware, Dienstleistungsprogramme) mit Zielsetzungen wie der Konsolidierung, der Anzahl der benötigten Server oder der Verbesserung ihrer Vertragsbedingungen auf der Basis von unternehmensweiten oder gar gruppenweiten Lizenzabkommen überprüft?
- Wurden Leasing- und Mietverträge unternehmensweit auf die jeweils besten erreichten Konditionen sowie auch generell auf Vorteilhaftigkeit gegenüber Kauf geprüft?
- Ist jeder Upgrade wirklich sinnvoll?
- Sind Wartungsverträge optimiert?
- Wurden alle Formen des Outsourcing überprüft? Outsourcing oder Insourcing, was ist in einer umfassenden Betrachtung für Ihr Unternehmen kostengünstiger? Outsourcer sind bestrebt, das Dienstleistungsangebot für ein Unternehmen ständig auszuweiten.
- Muss man immer Technologieführer sein? Man kann den Technologieeinsatz in einem Unternehmen durchaus skalieren. So können abgeschriebene Systeme und Geräte bei Anwendern mit geringerem Leistungsbedarf zufriedene Abnehmer finden.

Best-Practice-Modelle

In der Praxis weisen folgende Punkte das beste Sparpotenzial aus:

- Standardisierung
  Eine strenge Standardisierung ermöglicht Einsparungen von 15 bis 30 % der gesamten Desktop- und Netz-Kosten. Dazu ist eine klare, präzise Definition von Standards notwendig. Dies senkt insbesondere den Support-Aufwand. Bei einer Kaufentscheidung sollte weniger der Beschaffungspreis optimiert werden als vielmehr der Supportaufwand.
- Konsolidierung der File- und Print-Server
  Viele Unternehmen haben noch viel zu viele File- und Print-Server im Einsatz im Verhältnis zu den Desktops. Zahlen von 200 bis 500 Client-Desktops pro Server sind heutzutage ohne weiteres machbar.
- Training
  Auch der effektive Einsatz von Training kann die Gesamtkosten im Desktopbereich um ca. 10 % senken. Zudem ist eine saubere und individuell auf die Firma angepasste Dokumentation wichtig, um Support-Kosten zu senken.
- Problemlösungs- und Supportprozesse
  In den Problemlösungs- und Supportprozessen sind Einsparungen bis zu 50 % möglich. Ideal ist eine ungefähre Gleichverteilung der Problemlösung auf lokale Experten, zentrale Help Desks und Spezialisten von je 33 % des Aufwands.
- Manageable Desktops und System Management Tools
  Der Einsatz solcher Tools bringt Einsparungen von bis zu 15 % und mehr. Die Hersteller bieten mittlerweile ein breite und ausgereifte Produktepalette an. Investitionen in diesem Bereich zahlen sich schnell aus.

11.4   Dienstleistungsverträge

In den meisten Fällen schlägt sich das Ergebnis der Budgetrunden in so genannten Dienstleistungsverträgen nieder. Dort wird genau niedergeschrieben, welche Dienstleistung in welcher Qualität, zu welchem Preis, in welchen Mengen, in welchem Zeitraum bezogen wird.

Im Bereich der IT-Dienstleistungen hat sich hierfür seit einiger Zeit das Instrument des Service Level Agreement etabliert. Im SLM-Prozess (Service Level Management-Prozess) werden die zu erbringenden Leistungen ausgehandelt und vereinbart, im SLA werden die Ergebnisse des SLM-Prozesses festgehalten.

Im Rahmen eines permanenten SLM-Prozesses werden die Inhalte der SLA den sich verändernden Rahmenbedingungen periodisch angepasst.

- Ein Service Level Agreement ist eine schriftliche Vereinbarung zwischen einem Dienstleister (Leistungserbringer, hier die IT-Abteilung) und einem Kunden (Leistungsempfänger, hier die unternehmensinternen Fachabteilungen mit ihren Anwendern).
- Ein Service Level Agreement definiert Dienstleistungsziele (Leistungen, Qualitäten, Lieferzeiten und die dafür zu bezahlenden, marktgerechten Preise. Dienstleistungsziele und Preise werden von den «Vertragspartnern» (User Help Desk, Management, Anwendern) vorab verhandelt und müssen allen Beteiligten bekannt sein.
- Ein Service Level Agreement bildet die Grundlage zur objektiven Messung der Zielerreichung und internen Leistungsverrechnung der Kosten.
- Ein Service Level Agreement verpflichtet die IT-Abteilung zu einem bestimmten Leistungsniveau (innerhalb einer bestimmten Dauer, eine bestimmte Leistung zu erbringen) und schützt vor überhöhten Erwartungen der Anwender.
- Ein Service Level Agreement ist die Grundlage für das interne IT-Marketing und für das Outsourcing.

Inhalte von Service Level Agreements sind:

- Servicepreis: Kosten der einzelnen Dienstleistung in Abhängigkeiten von Volumen etc.
- Mitwirkungspflichten des Leistungsbezügers: Was muss vom Leistungsempfänger bereitgestellt werden?
- Zeitraum: Gültigkeitsdauer der Vereinbarung sowie Kündigungs- und Rücktrittsklauseln.
- Berichtswesen: Welche Berichte müssen vom Leistungserbringer in welchem Zeitraum, in welcher Qualität und in welcher Periodizität vorgelegt werden?
- Eskalationsverfahren: Massnahmen, falls die Ziele nicht erreicht werden. (Als Eskalationsmassnahmen gelten z. B. kurzfristige Review-Meetings, Vertragsstrafen, Vertragskündigung etc.).
- Servicebeschreibung: Was beinhaltet die Dienstleistung, die der Leistungserbringer zu erbringen hat (bspw. Präsenzzeiten Help Desk, Reaktionszeiten bei Störungen, Datenvolumen, Bandbreiten etc.)?
- Dokumentation: In welcher Form müssen einzelne Aktivitäten dokumentiert werden?
- Verantwortlichkeiten: Zuweisung der Verantwortlichkeiten für die einzelnen Aktivitäten (Definition der Prozessowner, Verantwortlichkeit des Leistungsbezügers bzw. des Leistungserbringers).
- Schnittstellen: Beschreibung der Schnittstellen zwischen Leistungsbezüger und Leistungserbringer sowie je nach Situation auch der Einbezug von Dritten (bspw. Hard- und Softwarelieferanten).
- Zielinhalte: Welches sind die Ziele, die durch das SLA erreicht werden sollen (z. B. schnelle Reaktionszeiten, höchste Zuverlässigkeiten, örtliche und zeitliche Verfügbarkeit der Services, Störfallbehebungszeit etc., wobei eine transparente Metrik für die Bewertung der Ziele und Leistungen zur Operationalisierung notwendig ist)?

Beispiel

Sepp definiert für seinen Service Mail folgendes SLA mit der Handels Holding:

[11-2]   Struktur eines SLA (Beispiel Service Mail)

Frontseite	Dieses SLA betrifft den DL-Erbringer Servact AG und die Handels Holding bezüglich des Service Mail.
	Das Dokument ist gültig bis Januar 200X und wird dann von den Vertragspartnern neu ausgehandelt.
	Unterschrift Leiter Servact AG:
	Unterschrift GL-Vertreter Handels Holding:
Beschreibung der Dienstleistungen	Der Service ermöglicht den Benützern das Empfangen und Versenden von elektronischen Mitteilungen unternehmensweit wie auch über das Internet.
	Die Daten werden gesichert. Maximaler Datenverlust: 1 Tag.
Servicezeiten	Der Service ist während den Bürozeiten von 6 bis 20 Uhr mit den unten erwähnten Serviceparametern garantiert.
	An den übrigen Zeiten gilt «best effort».
	Jeweils am Sonntag von 0:30–5:30 besteht ein Servicefenster zu Wartungszwecken, an denen der Service nicht zur Verfügung steht.
Serviceparameter	Verfügbarkeit: 99,9 % pro Monat auf die oben angegebenen Zeiten.
	Maximal Anzahl Down Times pro Jahr: 3.
Support-Level	Der Support ist während den Bürozeiten von 6 bis 20 Uhr garantiert.
	Der Support umfasst die Benutzung des Help Desk, Tel XXXX.
	Reaktionszeiten in einem Störungsfall, der nicht durch das Help Desk behoben werden kann: 1 h.
Restriktionen	Versenden von E-Mails mit max. 3 MB Grösse.
	Empfangen von E-Mails unbeschränkter Grösse.
	Maximale Mailboxgrösse: 50 MB.
Verrechnungspreise	Pro erfassten Benützer auf dem Mailsystem werden Fr. xxx pro Monat verrechnet.
	Pro Stunde Help Desk werden Fr. xxxx berechnet, sofern es sich bei der entsprechenden Störung nicht um ein Problem der Servact AG handelt.
	Pro Neuinstallation eines Benützers werden Fr. xxx Initialkosten verrechnet.
Reporting	Jeden Monat wird eine Statistik z. H. der GL gesandt, die die vereinbarten Serviceparameter pro System ausweist, sowie die Anzahl versandter Mails mit Grösse pro Benützer.
Sonstiges	Das SLA wird jährlich überarbeitet und neu vereinbart.
	Bei Problemen gelten als Eskalationsstellen der Servact AG und Vertreter GL Handels Holding Hr. XY.
	Im Falle eines Totalausfalles der IT-Räumlichkeiten der Servact AG steht beim Dienstleister «Backupguru» eine Backupinstallation zur Verfügung. In diesem Falle muss eine Ausfallzeit von 1 Tag (Rekonfiguration) in Kauf genommen werden.

Budgets und (Ver-)Rechnungspreise müssen verhandelt werden, niemand ist bereit, mehr zu bezahlen als nötig. Bei Verhandlungen spielen Verhandlungstechniken eine zentrale Rolle. Der Kunde muss von der Notwendigkeit der erforderlichen finanziellen Mittel überzeugt werden. Risikoanalysen helfen, entsprechende Fakten zu sammeln.

Wird das Budget nach unten korrigiert, so muss zielgerichtet gespart werden. Es muss also herausgefunden werden, wo die grössten Kostenblöcke versteckt sind. Ein möglicher Ansatz dazu ist die TCO-Berechnung.

Die vereinbarten Budgets finden meist ihren Niederschlag in einem Dienstleistungsvertrag. Dort wird unter anderem festgehalten, welche Leistungseinheiten zu welchen Kosten vereinbart wurden.

Repetitionsfragen

6	Warum ist ein Prozess für die Budgetierung wichtig?
12	Was sind die Gefahren bei einer schlechten Kommunikation innerhalb des Budgetprozesses?
18	Wo liegen die Probleme bei Budgetverhandlungen, wenn ein autoritäres Budgetwesen angewendet wird?
24	Wie sollte generell effizient gespart werden?
30	Wer alles kann generell sparen?
36	Was wird in einem SLA definiert?

12 Monitoring des Budgets

Nachdem das Budget erstellt ist, hört die Aufgabe rund um das Budget nicht auf. Nun fängt der eigentliche Überwachungs- und Steuerungsprozess an.

Kernaufgaben sind:

- Aussuchen der betriebsrelevanten Kennzahlen
- Festlegen von Kennzahlen für jeden Unternehmensbereich
- Sollwert festlegen für jede Kennzahl, Toleranz festlegen
- Informationsverarbeitung organisieren

Anhand von Kennzahlen lässt sich der Erfüllungsgrad des Budgets messen. Kennzahlen sind Schlüsselgrössen, die auf die finanzielle und wirtschaftliche Lage schliessen lassen.

Frühwarnindikatoren sind zusätzliche Messgrössen, die es erlauben, Abweichungen bereits zu erkennen, bevor sie eintreten, indem man deren Verlauf verfolgt. Diese Indikatoren stehen meistens nicht in unmittelbarem Verhältnis zum Budget, aber weisen auf eine Veränderung hin.

[12-1] Frühwarnindikatoren

Interne Frühwarnindikatoren	Externe Frühwarnindikatoren
Produktionsprogramm	**Konjunktur**
<ul><li>Programmbreite</li><li>Struktur Dienstleistungsportfolio</li></ul>	<ul><li>Auftragseingänge</li><li>Investitionstätigkeiten</li><li>Weltwirtschaftssituation</li><li>Teuerungsindex</li></ul>
Entwicklung	**Technologie**
<ul><li>Kosten</li><li>Produktionsmengen</li></ul>	<ul><li>Technologiewechsel</li></ul>
Absatz	**Kunden**
<ul><li>Umsatz- und Preisentwicklung</li><li>Lagerbestände</li><li>Marktanteile</li></ul>	<ul><li>Wertvorstellungen</li><li>Trends</li></ul>
Produktion und Beschaffung	**Absatzmarkt**
<ul><li>Auslastung</li><li>Lohnkosten</li></ul>	<ul><li>Einkaufsverhalten</li><li>Konsumentenstimmung</li><li>Preis- und Programmpolitik der Konkurrenz</li></ul>
Ergebnis und Finanzen	**Beschaffungsmarkt**
<ul><li>Kalkulatorisches Ergebnis</li><li>Cashflow</li><li>Verschuldungsgrad</li><li>Anlagedeckung</li></ul>	<ul><li>Anbieterpreise</li><li>Käufer- / Verkäufermarkt</li></ul>
Mitarbeiter	**Arbeitsmarkt**
<ul><li>Fluktuation</li><li>Fehlzeiten</li></ul>	<ul><li>Tarifentwicklung</li><li>Ausbildungsstand</li></ul>
Systeme	**Kapitalmarkt**
<ul><li>Technologie</li><li>Wartungs- und Supportkosten</li><li>Entwicklungskosten</li></ul>	<ul><li>Inflationsraten</li><li>Zinsen</li><li>Wechselkurse</li></ul>

Ein wichtiger Erfolgsfaktor für ein optimales Monitoring des Budgets ist das Berichtswesen. Folgende Fehler können dabei entstehen. Die Informationen

- werden zu grob oder zu fein aufbereitet.
- decken nicht die Bedürfnisse der Empfänger (Management).
- sind verzerrt dargestellt, so dass falsche Schlüsse daraus gezogen werden.
- wurden nicht exakt genug ermittelt, einfacher ausgedrückt: Die Zahlen sind falsch.

- werden so dargestellt oder vermittelt, dass die individuelle Aufbereitung länger dauert als die Erhebung der Informationen durch den Manager selbst.

Die Informationen, die für das Monitoring des Budgets geliefert werden, müssen z. B. für folgende Kontrollfunktionen angemessen sein:

- Kontrolle der Ausgaben im Vergleich zu den geplanten Budgets
- Verfolgung der Umsatzentwicklung im Vergleich zu den Budgets
- Analyse der Projektergebnisse, auf Basis des erzielten Umsatzes, der Lohnkosten sowie anderer direkter und indirekter Kosten
- Kontrolle der Abweichungen zwischen dem Engagement, dem Ergebnis und den Budgets
- Zeitvergleiche ermöglichen den Überblick über mehrere Jahre
- Betriebsvergleiche gestatten die Einordnung der eigenen Daten im Vergleich mit Unternehmen ähnlicher Aufgabenstellung und Grössenordnung

Welche IT-Kennzahlen benötigt eine Führungsperson konkret in der Praxis, um die Kosten effektiv steuern zu können? In der Tat lassen sich die IT-Kosten nur optimal steuern, wenn die richtigen Key Performance Indicators (KPIs) genutzt werden. Folgende Kennzahlen-Gruppen lassen sich unterscheiden:

- Allgemeine IT-Kennzahlen: Gängig sind allgemeine IT-Kennzahlen wie «IT-Kosten pro Umsatz (in %)» oder «IT-Kosten pro Mitarbeiter».
- Anwendungsbezogene IT-Kennzahlen
  Die Kosten für Anwendungen machen oft einen grossen Teil der gesamten IT-Kosten aus. Allerdings sind alle Kennzahlen abhängig von der eingesetzten Anwendungstechnologie (z. B. SAP R/3). Vergleichszahlen für die gängigeren Standardsoftwareprodukte lassen sich mit vertretbarem Aufwand im Markt besorgen. Schwierig bis unmöglich wird es aber bei Vergleichszahlen von exotischeren Standardsoftwareprodukten oder Individualentwicklungen.

Vergleichbar ist ein KPI mit den allseits bekannten Indices aus der Volkswirtschaftlehre, wie zum Beispiel der Teuerungsindex etc. Dies sind Kennzahlen, die überall gleich berechnet werden.

Die KPI (Key Performance Indicators) ermöglichen es daher zudem, die Leistung (Performance) einzelner IT-Betriebe miteinander zu vergleichen (Benchmark).

Die folgende Tabelle gibt eine Übersicht über bewährte IT-Kennzahlen. Wichtig ist, zu verstehen, dass dies Gesamtdurchschnittswerte darstellen, das heisst, zwischen verschiedenen Branchen können grössere Schwankungen auftreten. Ebenso treten Unterschiede auf, wenn verschiedene Technologien eingesetzt werden.

Zudem muss bei einer realistischen Einschätzung genau untersucht werden, welche Kostenbestandteile nun wirklich einfliessen und welche nicht, das heisst, ob die Konkurrenten auf die genau gleiche Weise rechnen wie wir.

[12-2] Bewährte IT-Kennzahlen

Allgemeine KPI (branchenabhängig)

Beschreibung	Durchschnittswerte
IT-Kosten pro Umsatz	5 %
IT-Investitionen pro Umsatz	1 %
IT-Kosten pro IT-Mitarbeiter	Fr. 300 000.–
IT-Kosten pro Endgerät	Fr. 15 000.–
Mitarbeiter in der IT	5 %

Allgemeine KPI (branchenabhängig)

Beschreibung	Durchschnittswerte
Anzahl Benützer pro IT-Mitarbeiter	30
Anzahl Endgeräte pro IT-Mitarbeiter	40

Applikationsbezogene KPI (bezogen auf Benützer-Standardapplikationen)

Beschreibung	Durchschnittswerte
Projektkosten und Entwicklungskosten pro Benützer und Jahr	Fr. 3 000.–
Wartungskosten pro Benützer und Jahr	Fr. 1 000.–
Supportkosten pro Benützer und Jahr	Fr. 1 000.–
Lizenzkosten pro Benützer und Jahr	Fr. 1 000.–
Plattformkosten pro Benützer und Jahr	Fr. 2 000.–

Endgeräte KPI (Desktop- und Netzwerkinfrastruktur)

Beschreibung	Durchschnittswerte
HW- und SW-Kosten pro Jahr	Fr. 2 000.–
Supportkosten pro Benützer pro Jahr	Fr. 1 500.–
Endbenützer Betrieb und Downtime pro Jahr	Fr. 1 000.–

Projekt KPI (bezogen auf Applikationsbenützung)

Beschreibung	Durchschnittswerte
Projektkosten Externe pro Benützer und Jahr	Fr. 10 000.–
Projektkosten Interne pro Benützer und Jahr	Fr. 5 000.–
Projektkosten Software und Hardware pro Benützer und Jahr	Fr. 10 000.–

Verteilung IT-Kostenarten KPI (bezogen auf IT-Gesamtkosten)

Beschreibung	Durchschnittswerte
Hardware	20 %
Software	15 %
Netzwerk	15 %
Externe Dienstleistungen	15 %
Interne Dienstleistungen	30 %

Es ist aber Vorsicht geboten. Wie verschiedene Untersuchungen zeigen, sind Unternehmen mit höheren IT-Kosten häufig effektiver und profitabler als ihre sparsamen Konkurrenten.

Beispiel

Sepp macht sich nun Gedanken, welche Kennzahlen wohl für die Servact AG relevant sind. Er möchte sich auf ein paar wenige Kennzahlen festlegen und hier nicht einen grossen Reportingapparat aufbauen. Weniger ist mehr. Sepp überlegt:

- Die Mitarbeiterkosten bleiben wohl gleich, somit sind Kennzahlen in diesem Bereich nicht unbedingt relevant, ausser wenn es um Projekte geht.
- Hardware und Software kann jederzeit beschafft werden und die Kosten können davonlaufen, Kennzahlen sind hier wichtig.
- Miete und Zinse haben vermutlich auch einen beschränkten Einfluss, Kennzahlen dazu können vernachlässigt werden.
- Die Administration kann auch überproportional investieren, eine Überwachung sollte allenfalls ins Auge gefasst werden.

Somit hält er zu Beginn fest:

- Jeder Kostenstellenleiter erhält monatlich einen Report über total getätigte Investitionen im Vergleich zum Budget. Bei zu grossen Abweichungen (Sepp wird hier auch kontrollieren) muss sofort eine Stellungnahme zu Handen von Herrn Klein erfolgen.
- Jeder Servicemanager erhält ebenfalls monatlich einen Report über die getätigten Investitionen. Das Gleiche gilt bezüglich Abweichungen.
- Jeder Projektleiter erhält monatlich einen Report mit den darauf verbuchten Personalaufwänden.

Nachdem das Budget gesprochen wurde, müssen Kennzahlen definiert werden, mit denen die Einhaltung des Budgets überprüft werden kann. Diese Zahlen werden durch das Controlling geliefert.

Kennzahlen sind Werte, die einen Verlauf einer Sachlage aufzeigen und können beliebig bestimmt werden. Zum Beispiel Anzahl Störungsmeldungen pro Organisationseinheit etc.

Frühwarnindikatoren sind Kennzahlen, die Probleme aufzeigen, bevor das Budget aus dem Ruder läuft. Tritt zum Beispiel ein neuer, starker Konkurrent auf dem Markt auf, so dürfte es vermutlich fraglich sein, die gesteckten Ziele ohne weiteres zu erreichen.

KPI (Key Performance Indicators) sind Kennzahlen, die überall gleich berechnet und ausgewiesen werden. Dadurch können die Kennzahlen miteinander verglichen werden.

Repetitionsfragen

41	Was sind so genannte KPI und für was werden sie gebraucht?
48	Was ist der Unterschied zwischen KPI und IT-Kennzahlen?
54	Was sind Frühwarnindikatoren für die Budgetierung und für was werden sie gebraucht?
60	Genügt es, nur finanzielle Kennzahlen zu überwachen?
42	Wie können die TCO bei der Kennzahlenbestimmung helfen?

Teil F   Anhang

Gesamtzusammenfassung

Budgetierung liefert Angaben für den Steuerungs- und Managementprozess einer Unternehmung, in der Regel Controlling genannt. Das Budget liefert die Plandaten, auf die sich das Controlling stützt, um entsprechende Soll-Ist-Berechnungen durchführen zu können. Budgetierung setzt Controlling voraus.

Budgetierung ist ein Prozess, der periodisch durchlaufen werden muss.

Ein Budgetsystem definiert die einzelnen Bereiche, die geplant werden müssen. Das Budgetierungssystem zeigt aber auch auf, wie sich die einzelnen Budgets beeinflussen und wo Abhängigkeiten bestehen.

Das Budgetsystem verdichtet Teilpläne zu einem gesamteinheitlichen Budget und bestimmt die Periodizität, mit der die Budgets erneuert werden müssen.

Verschiedene Einflussfaktoren wirken auf die Budgetierung ein. Es sind dies:

- Benützeranforderungen für die Qualität und Umfang einer Leistung, die sich schlussendlich auf die Kosten niederschlägt
- Fachabteilungen, die die Kosten ausweisen müssen, die tatsächlich anfallen oder anfallen werden. Ein Instrument, um dies zu erheben, ist der TCO, der auch die Initialwerte für eine Budgetierung liefern kann
- Umweltfaktoren, wie zum Beispiel gesetzliche Vorgaben, die mitberücksichtigt werden müssen
- Die Unternehmung selbst, die einzelnen Bereichen konkrete Vorgaben gibt

All diesen Anspruchsgruppen muss das gewählte Budgetsystem gerecht werden.

Für das Budgetsystem müssen die Werkzeuge und Hilfsmittel bestimmt werden. Diese beinhalten die gesamten betriebsbuchhalterischen Aspekte wie Betriebsbuchhaltung, Kalkulation und Break-even-Analyse.

Betriebsbuchhaltung und Anspruchsgruppen

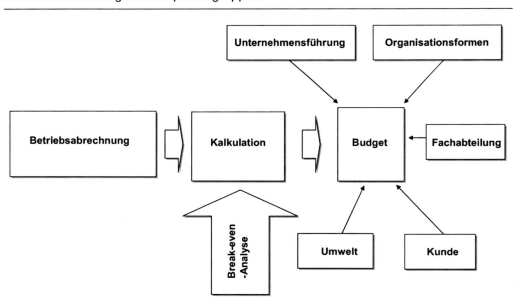

Budgetierung kann grundsätzlich aus zwei Richtungen angegangen werden. Beim Top-down-Ansatz werden die wichtigsten Eckdaten vorgegeben, entweder durch die Unternehmung oder den Kunden, und es muss die Feinverteilung innerhalb der Fachabteilungen geregelt werden. Beim anderen Ansatz, dem Bottom-up-Ansatz, geben die Fachabteilungen die Zahlen vor. Je nachdem, bei wem die Budgetverantwortung liegt, wird dadurch die Richtung bereits vorgegeben.

Innerhalb des Budgetierungsprozesses müssen die Verantwortlichkeiten festgelegt sein. Es wird unterschieden zwischen Controlling, Fachabteilungen und Mitarbeiter.

Budgets müssen verhandelt werden, niemand ist bereit, mehr zu bezahlen als nötig. Bei Verhandlungen spielen Verhandlungstechniken eine zentrale Rolle.

Wird das Budget nach unten korrigiert, so muss zielgerichtet gespart werden.

Die vereinbarten Budgets finden meist ihren Niederschlag in einem SLA. Dort wird festgehalten, welche Leistungseinheiten zu welchen Kosten vereinbart wurden.

Das Monitoring befasst sich mit den Aufgaben, die wahrgenommen werden müssen, nachdem das Budget gesprochen wurde. Es müssen Kennzahlen definiert werden, mit denen die Einhaltung des Budgets überprüft werden kann. Diese Zahlen werden durch das Controlling geliefert.

Antworten zu den Repetitionsfragen

1	Seite 19	Controlling beinhaltet unter anderem auch die Planung und Steuerung der Unternehmung oder einer Fachabteilung. Das Budget ist dabei ein Baustein in diesem Planungsprozess, der die Werte liefert, die durch das Controlling geplant, kontrolliert und gesteuert werden.
2	Seite 30	Der Begriff «multidimensional» beschreibt die Tatsache, dass sowohl das Zusammenspiel der verschiedenen Budgets definiert werden muss, wie auch den Weg, wie die Budgetinformationen über verschiedene Organisationeinheiten hinweg verdichtet werden.
3	Seite 42	Es fehlt meistens fundiertes Zahlenmaterial und Verantwortliche, die eine bereichsübergreifende Ermittlung leiten und durchsetzen könnten. Weiter darf die TCO-Ermittlung nicht zu lange dauern, da sich sonst die Werte bereits wieder verändert haben.
4	Seite 63	Zeitliche Abgrenzung stellt in der Betriebsbuchhaltung sicher, dass tatsächlich nur die Kosten einfliessen, die in der Betrachtungsperiode relevant sind.
5	Seite 79	Wenn ein neues Budgetierungssystem eingeführt wird und keine Vergleichswerte aus dem Vorjahr vorhanden sind.
6	Seite 93	Budgetierung ist keine einmalige Angelegenheit. Die Budgetierung muss periodisch wiederholt werden, um über aktuelle Zahlen für die Planung zu verfügen.
7	Seite 19	Ein Budget weist den verschiedenen Verantwortlichen Ressourcen zu. Diese Führungsverantwortlichen können dann über diese verfügen und es ist sichergestellt, dass genügend Ressourcen bereitstehen.
8	Seite 30	Eine Budgetposition ist eine Kostenart, die für einen bestimmten Zweck bestimmt werden muss.
9	Seite 42	Kosten, die hauptsächlich beim Benützer anfallen und nicht budgetiert werden. Zum Beispiel Herumspielen mit den Informatikmitteln etc.
10	Seite 63	Kosten sind abgegrenzte Aufwände, die sachlich und zeitlich korrigiert wurden. Weiter fliessen in die Kosten nur Aufwände ein, die wirklich zur Leistungserbringung notwendig sind (Ausscheiden von nicht-betrieblichem, neutralen Aufwand).
11	Seite 80	Dass die Fachabteilungen an die Untergrenze der Leistungsgrenze gedrückt werden, also gar nicht mehr in der Lage sind, die gewünschte Leistung in der geforderten Qualität zu erbringen. Weiter sinkt die Motivation der Mitarbeiter, da diese sowieso nicht bei der Zieldefinition mitwirken können.
12	Seite 93	Informationen erreichen den Empfänger zu spät, oder die Informationen haben eine schlechte Qualität. Dies führt zu Reibungsverlusten und die Motivation der Mitarbeiter sinkt. Weiter kann dies den gesamten Budgetierungsprozess gefährden.
13	Seite 19	Das Budgetdilemma entsteht dann, wenn die Unternehmung oder die übergeordnete Entscheidungsinstanz Kosten und Anforderungen bestimmt. Meistens sind diese nicht kon-

gruent, das heisst, die Fachabteilungen können nicht die geforderte Qualität zum geforder-
ten Preis erbringen.

---

14 Seite 30

Sachliche Dimension, organisatorische Dimension, Ablauffolge (Prozess).

---

15 Seite 42

Die Modelle unterscheiden sich in den verschiedenen Kostenkategorien, die sie berücksichtigen.

---

16 Seite 63

Es gibt Organisationseinheiten, die Werte auf den Kostenarten «verbrauchen», jedoch
nicht direkt zur Leistungserbringung notwendig sind. Zum Beispiel Personaldienst, Empfang etc., zum Teil auch allgemein als «Logistik» bezeichnet. Die Leistungsempfänger dieser Vorkostenstelle sind die Hauptkostenstellen, die meistens direkt Leistungen an den
Kunden abgeben. Somit werden die Kosten zuerst auf diese Hauptkostenstellen abgewälzt.

---

17 Seite 80

Intensive Kontrolle und Steuerung der Unternehmung. Schnelle Reaktion auf Veränderungen möglich.

---

18 Seite 93

Das Problem besteht darin, dass es eben in den meisten Fällen nichts zu verhandeln gibt
und die Vorgaben umgesetzt werden müssen. Es kann bei zu hohem Druck auf die Fachabteilungen zu mehr oder weniger unüberlegten Handlungen kommen, um die Ziele zu
erreichen: Personalabbau, Abbau der Mitarbeiterförderung und -unterstützung etc.

---

19 Seite 19

Die Fachabteilung selber, also der Verantwortliche der über das Budget zugesprochenen
Ressourcen.

---

20 Seite 30

Ein Masterbudget ist ein über Organisationen verdichtetes Budget.

---

21 Seite 46

Die Unternehmung plant strategisch, das heisst langfristig. Damit diese strategischen Ziele
erreicht werden können, sind Vorgaben an die Fachabteilung unumgänglich.

---

22 Seite 73

Die Kalkulation bestimmt die Preise respektive Kosten für eine Bezugsgrösse eines Kostenträgers. Zum Beispiel Kosten/Stunde, Kosten/Benützer etc.

---

23 Seite 80

Dies hängt sehr stark mit der Kommunikation zusammen. Allen Beteiligten muss klar sein,
wie der Budgetierungsprozess abläuft und was ihre Rolle dabei ist. Dies ermöglicht eine
schnelle und reibungslose Durchführung der Budgetierung und steigert die Motivation der
Mitarbeiter, da sie sich ihren Zielen bewusst sind.

---

24 Seite 93

Gezielt und nicht flächendeckend. Die grössten Kostenblöcke müssen identifiziert werden
(TCO), um dort anzusetzen, wo das grösste Potenzial für Kosteneinsparungen steckt.

---

25 Seite 19

Dann werden den Führungs- und Fachverantwortlichen keine Ressourcen zugeteilt (eventuell Ressourcenmangel) und es besteht keine Kontrolle, wie viel sie jeweils davon verbrauchen.

26 Seite 34   Die Kundenbedürfnisse geben Auskunft, in welchem Umfang die Dienstleistung benötigt wird, welche Anforderung bestehen und welche Kosten bezahlt werden können. Diese Angaben beeinflussen die Produktionskosten und somit die einzelnen Budgetpositionen.

27 Seite 46   Organisationsformen sind mit verschiedenen, finanziellen Kompetenzen ausgerüstet. Meist werden diese für einen bestimmten Steuerungszweck angewandt.

28 Seite 73   Fixe Kosten bestehen, unabhängig davon, wie die entsprechende Leistung ausgelastet ist oder wie oft diese abgesetzt werden kann. Variable Kosten sind die Kosten, die nur anfallen, wenn die Leistungseinheit erbracht wird, z. B. Lizenzkosten etc.

29 Seite 86   Damit Transparenz herrscht über die Abläufe und Verantwortung. Nur wenn der Budgetprozess richtig funktioniert, können korrekte Zahlen geliefert werden, die den Führungsprozess unterstützen. Kümmert sich zum Beispiel nach der Budgetierung niemand um das Monitoring, ist der Nutzen des Budgetprozesses in Frage gestellt.

30 Seite 93   Die Fachabteilung wie auch der Empfänger der entsprechenden Leistung. Die Fachabteilung in der Erbringung der Leistung (Schlanke Produktion), wie auch der Leistungsempfänger, indem er zusätzlich seine Anforderungen entsprechend reduziert.

31 Seite 23   Die Kostenträgerrechnung zeigt die Kosten auf, die ein Produkt bzw. ein Service verursacht. Dabei laufen verschiedene Kostenarten (teils direkt, teils indirekt via Kostenstellen) zusammen. Die notwendigen Werte der Kostenarten gilt es zu budgetieren, also zu bestimmen.

32 Seite 34   Werden erweiterte Dienstleistungsarten gewünscht, werden auch andere Kostenträger notwendig. Somit verändert sich das Budgetsystem.

33 Seite 46   Mit der Kostenrechnung werden alle Kosten ermittelt, die zur Erbringung einer Dienstleistung notwendig sind. Diese externen Kosten müssen mitberücksichtigt werden.

34 Seite 73   Der Deckungsbeitrag errechnet sich aus dem Erlös. Der DB ist der Erlös minus die variablen Kosten. Der Deckungsbeitrag kann für die Ermittlung der Nutzschwelle verwendet werden, weil die Summe aller Deckungsbeiträge mindestens die Fixkosten decken muss, um keinen Verlust zu machen.

35 Seite 86   Die Fachabteilungen definieren die entsprechenden Budgetzahlen und sind verantwortlich für die Feinverteilung der Ressourcen in ihrem Bereich. Weiter sind sie für die Einhaltung der budgetierten Werte verantwortlich.

36 Seite 93   Im SLA werden Art, Umfang, Qualität und Zeiten der zu erbringenden Leistungen festgelegt.

37 Seite 23   Umlageschlüssel sind notwendig, um die aufgelaufenen Kostenarten verursachungsgerecht auf die Kostenstellen und Kostenträger zu verteilen.

38 Seite 34

Können grössere Mengen abgesetzt werden, so wird die Leistung besser ausgelastet und es können attraktivere Preise verrechnet werden und es kann eventuell mehr investiert werden.

39 Seite 46

Die eigenen Kosten müssen mit denen der Konkurrenz, auch Drittanbieter, auf gleicher Höhe sein. Eventuell müssen Ressourcen knapper berechnet werden.

40 Seite 73

Der Punkt, bei dem die Summe aller Deckungsbeiträge die Fixkosten deckt.

41 Seite 97

Key Performance Indicators. Damit lässt sich die Effizienz (Performance) einer Fachabteilung beschreiben. Der Vorteil von PKI ist, dass diese überall mehr oder weniger gleich eingesetzt werden. Daher auch die Bezeichnung «Index» wie zum Beispiel «Konsumentenindex». Damit lassen sich einzelne Abteilungen oder Unternehmen gegeneinander messen, Benchmarking.

42 Seite 97

Die TCO zeigen unter anderem die grössten Kostenblöcke. Diese müssen in erster Priorität beobachtet werden.

43 Seite 23

Damit ausgewiesen werden kann, wie die finanziellen Mittel für den Betrieb verwendet wurden.

44 Seite 34

Je höher die gewünschte Qualität, desto höher dürften die Kosten für die Erbringung der Leistung werden. (Einbau Redundanzen, schnellere Entwicklung, besserer Support etc.)

45 Seite 46

Besitzt eine Unternehmung ein Monopol, so ist sie meistens in der Lage, die Preise vorzugeben. Muss sie sich auf dem Markt behaupten, müssen die Preise, somit auch die Ressourcen, entsprechend angepasst werden.

46 Seite 73

Dass die Outsourcingpartner wie normale «Mitarbeiter» in den internen Führungsprozess einbezogen werden müssen. Dies generiert Kosten.

47 Seite 86

Wurde für die Fachabteilung ein Budget bewilligt, so dürfen die Fachabteilungen über die entsprechenden Ressourcen für die Erfüllung ihrer Leistungsverpflichtung verfügen.

48 Seite 97

Der Begriff Kennzahl beschreibt im Wesentlichen den Verlauf eines Sachverhaltes, unabhängig davon, ob dieser «normiert» ist (Index) oder nicht. Daher können KPI auch als IT-Kennzahlen verwendet werden.

49 Seite 23

Damit ausgewiesen werden kann, welche Organisationseinheit wie viel von welcher Kostenart verbraucht hat.

50 Seite 34

Wenn der Kunde wenig bezahlen will oder kann, dann müssen eventuell weniger Ressourcen budgetiert werden, damit weiterhin ein Gewinn erzielt werden kann.

51 Seite 46

Dass derjenige, der die Vorgaben für ein Cost Center macht, auch das entsprechende Wissen besitzt. Sonst werden unrealistische Vorgaben gemacht, die nicht erreicht werden können.

52 Seite 79

Die Organisationsform hat Aufgaben, Verantwortung und Kompetenzen. Je nachdem, wie hoch die Kompetenzen sind, dürfen mehr oder weniger Vorgaben gemacht werden, damit der Sinn der Organisationsform bestehen bleibt.

53 Seite 86

Die Fachabteilungen sind dafür verantwortlich, dass die Ressourcen für den vorbestimmten Zweck verwendet werden und dass das Budget nicht überschritten wird, also dass eine Kontrolle durchgeführt wird.

54 Seite 97

Frühwarnindikatoren sind Faktoren, die sich nicht unbedingt direkt auf das Budget beziehen, sondern auch auf andere Faktoren, die sich verändern, bevor sich das Budget verändert. Wenn zum Beispiel die Aufträge in den Auftragsbüchern abnehmen, kann davon ausgegangen werden, dass sich dies in naher Zukunft auch auf die Zielerreichung niederschlagen wird.

55 Seite 23

Kostenträger beschreiben Leistungen, die eine Unternehmung abgibt. Auf den Kostenträgern werden alle Kosten gesammelt, die für die Erbringung der Leistung notwendig sind.

56 Seite 42

Es geht darum, herauszufinden, welche Kostenblöcke für die Erbringung eines Produktes oder Leistung nötig sind, und es zeigt eine durchschnittliche Betrachtung der Kosten ohne kurzfristige Schwankungen (z. B. Sonderinvestitionen etc.).

57 Seite 63

Die Finanzbuchhaltung versucht den externen Anforderungen, wie ordentliche Buchführung, Erfolgsrechnung und Bilanz, gerecht zu werden. Die Betriebsbuchhaltung kümmert sich um die interne Kostentransparenz und verursachergerechte Verrechnung von Kosten und Leistungen.

58 Seite 79

Top-down-, Bottom-up-, Gegenstromverfahren, Fortschreibung, Zero Base Budgeting.

59 Seite 86

Damit der Ressourcengeber (Unternehmung, übergeordnete Fachabteilung) jederzeit eine Übersicht über die so genannten Obligowerte hat, aber auch jederzeit kurzfristige Budgetkorrekturen vornehmen kann, z. B. Umschichtung von Budgets für einen bestimmten Zweck. Die Budgetfreigabe kann auch als Frühwarnindikator verwendet werden.

60 Seite 97

Definitiv nein. Finanzielle Kennzahlen sind nur ein Aspekt. Es muss auch die Leistungsfähigkeit einer IT-Abteilung in Abhängigkeit der Kosten mit berücksichtigt werden.

61 Seite 30

Das Budgetsystem beschreibt das Zusammenspiel und die Abhängigkeiten von verschiedenen Budgets. Jede Unternehmung erstellt individuell ihr eigenes Budgetsystem.

62 Seite 42

Man will auch die grössten Kostenblöcke bestimmen, um gezielt Sparmassnahmen ansetzen zu können. Dies auch ohne Budgetsystem.

63 Seite 63

Die sachliche Abgrenzung korrigiert die Bewertung der entsprechenden Güter auf den aktuellen Zeitwert, damit die effektiven Kosten ausgewiesen werden können (z. B. für Abschreibungen, Zinsen etc.).

Glossar

A

Aufwand

Verbrauch aller Güter und Dienstleistungen in einer bestimmten Periode. Aufwand ist ein Begriff der Finanzbuchhaltung. Kosten ist ein Begriff der Betriebsbuchhaltung (und Kalkulation).

→ Kosten → Ertrag

B

Benchmarking

Kontinuierlicher Prozess, bei dem Produkte, Dienstleistungen sowie Prozesse und Methoden über mehrere Organisationseinheiten hinweg verglichen werden.

Berichtswesen

Teil des Controllings, mit dem gewährleistet wird, dass die steuerungsrelevanten Informationen für jede Berichtsebene in periodischen Abständen oder auf Anfrage vorliegen.

Best Practice

Mit «best practice»-Beispielen werden Lösungen aufgezeigt, die bereits realisiert wurden und ihre Zielvorgaben mit den besten Ergebnissen erfolgreich erreicht haben.

Betriebsabrechnungs-bogen (BAB)

Übersichtliche Darstellung der Betriebsbuchhaltung auf einem Bogen (für einfache Verhältnisse bzw. Schulungszwecke). Der BAB zeigt auf einen Blick die Bereiche Kostenartenrechnung, Kostenstellungrechnung und Kostenträgerrechnung, die Verrechnungsflüsse sowie die Ergebnisse der Kostenträger (Herstellkosten, Selbstkosten, Erfolg).

→ Betriebsbuchhaltung → Kostenartenrechnung → Kostenstellenrechnung
→ Kostenträgerrechnung

Betriebsbuchhaltung

Die Betriebsbuchhaltung soll die betriebliche Realität möglichst exakt abbilden und detaillierte Führungsinformationen bereitstellen. Sie wird auch als interne Buchhaltung, betriebliches Rechnungswesen, Kosten- und Leistungsrechnung bezeichnet. Eine einfache und übersichtliche Darstellung der Betriebsbuchhaltung bietet der Betriebsabrechnungsbogen (BAB). Neben der Betriebsabrechnung können auch Auswertungen wie Kalkulation, Nutzschwellenanalysen zur Betriebsbuchhaltung gezählt werden.

→ Betriebsabrechnungsbogen (BAB) → Finanzbuchhaltung

Bottom-up

Vorschläge, Planungsdaten, die «von unten», d. h. von der Arbeitsebene her entwickelt werden.

Break-even-Punkt

→ Nutzschwelle

Budget

Die verfügbaren Finanzmittel, die einen Finanzrahmen für eine Aufgabe, Tätigkeit, ein Projekt, eine Unternehmung etc. darstellen.

Budgetierung

Einschätzung künftiger Entwicklung mittels finanzieller Planungsgrössen (langfristig/strategisch in Mehrjahresbudgets oder Objektbudgets, kurzfristig/operativ in Jahresbudgets). Im Jahresbudget werden die Auswirkungen der Einzelpläne als Aufwände/Erträge in der Budget-Erfolgsrechnung, als Kosten/Leistungen in der Budget-Kostenrechnung, als Ausgaben/Einnahmen im Budget der Finanzmittel und als neue Bestände in der Buget-Bilanz zusammengeführt.

Budgetrunde

Verhandlung der einzelnen Budgetpositionen in mehreren Durchläufen.

Budgetsystem

Beschreibt das Zusammenspiel der einzelnen Budgets.

C

Controlling

Eine Form der Führungsunterstützung, die durch die Bereitstellung von Informationen und Methoden den verschiedenen Ebenen des politisch-administrativen Führungssystems die Steuerung der Effektivität, der Effizienz und des Finanzmittelbedarfs ermöglicht.

Cost Center

Im Unterschied zum Profit Center hat der Verantwortliche dieser Organisationseinheit keine Ergebnis-, sondern nur Kostenverantwortung.

➔ Profit Center

D

Deckungsbeitrag

Betrag, um den die Verkaufserlöse die variablen Kosten übersteigen. Dieser Betrag dient der Deckung der fixen Kosten und trägt, nachdem diese gedeckt sind, zum Gewinn bei. Der Deckungsbeitrag wird bei der Berechnung der Nutzschwelle benötigt.

➔ Fixe Kosten ➔ Variable Kosten ➔ Nutzschwelle

Differenzierte Divisionskalkulation

Divisionskalkulation, bei der die Kosten mittels einer Gewichtung (Äquivalenzziffern) auf die Produkte verteilt werden. Die Selbstkosten pro Leistungseinheit ergeben sich, indem man den gewichteten Kostenanteil des Produkts durch die Anzahl Leistungseinheiten dividiert.

➔ Divisionskalkulation ➔ Zuschlagskalkulation

Direkte Kosten

Im Rahmen des TCO-Konzepts die Kosten, die als budgetierte Kosten zu Buche schlagen. Im Rahmen der Kostenrechnung sind das Einzelkosten.

➔ Einzelkosten

Divisionskalkulation

(Auch: einfache Divisionskalkulation) Kalkulation, bei der die Selbstkosten pro Leistungseinheit mittels Division der Gesamtkosten durch die Anzahl Leistungseinheiten ermittelt werden.

➔ Differenzierte Divisionskalkulation ➔ Zuschlagskalkulation

E

Einzelkosten

(Auch: direkte Kosten) Einzelkosten können direkt dem Kostenträger zugewiesen werden.

➔ Gemeinkosten ➔ Kostenbegriffe

Erlös

Gegenwert, den das Unternehmen für den Verkauf seiner Leistungen am Markt erzielt (meist Hauptbestandteil des Ertrags einer Unternehmung).

➔ Ertrag ➔ Leistungen

Ertrag

Unter Ertrag versteht man den Wertzuwachs in einer bestimmten Periode, der (überwiegend) das Ergebnis der betrieblichen Leistungserstellung ist (Erlös aus dem Verkauf der Leistungen). Ertrag ist ein Begriff der Finanzbuchhaltung; in der Betriebsbuchhaltung steht der Begriff Leistung zur Verfügung (in der Praxis ist allerdings oft auch in der Betriebsbuchhaltung von Ertrag bzw. Erlös die Rede).

➔ Leistungen ➔ Aufwand

F

Finanzbuchhaltung Buchhaltung, die von Gesetzes wegen geführt werden muss. Präsentation des Unternehmens als Ganzes gegen aussen.

→ Betriebsbuchhaltung

Fixe Kosten Fixe Kosten sind von der Erzeugnismenge unabhängig, d. h., sie bleiben bei Produktionsschwankungen konstant (z. B. vertraglich festgelegte Mieten und Gehälter, Abschreibungen auf Geschäftseinrichtungen).

→ Variable Kosten → Kostenbegriffe

G

Gemeinkosten (Auch: indirekte Kosten) Gemeinkosten können nicht unmittelbar einem Kostenträger belastet werden, da sie für den gesamten Betrieb entstehen. Beispiele sind allgemeine Verwaltungskosten, Abschreibungen, Mieten, Versicherungen, Energiekosten. Die Umlage auf einen Kostenträger wird mit so genannten Umlageschlüsseln durchgeführt.

→ Einzelkosten → Kostenbegriffe

H

Hauptkostenstelle Kostenstellen, an denen überwiegend Kosten für die externe Leistungserbringung gesammelt werden.

→ Hilfskostenstelle → Vorkostenstelle

Herstellkosten Ergeben sich aus den Material- und Fertigungskosten (Einzel- bzw. Gemeinkosten für Material und Fertigung).

→ Selbstkosten → Kostenbegriffe

Hilfskostenstelle Bereiche, in denen Leistungen für sämtliche oder zumindest mehrere Unternehmensbereiche erbracht werden. Beispiele sind Empfang, Sozialräume, wie Kantine, oder Leasingfahrzeuge. Sie dienen nur mittelbar der Herstellung oder dem Verkauf von Erzeugnissen.

→ Hauptkostenstelle

I

Indirekte Kosten Im Rahmen des TCO-Konzepts die Kosten, die unbudgetiert als Produktivitäts- und Wirtschaftlichkeitsverluste anfallen. Im Rahmen der Kostenrechnung sind das Gemeinkosten.

→ Gemeinkosten

K

Kennzahlen Kennzahlen haben eine besondere Aussagekraft für bestimmte Zustände, Eigenschaften oder Leistungen eines Systems oder dessen Umwelt. Die aussagekräftigeren Verhältniszahlen sind ein wichtiges Element wirksamen Managements, z. B. Grundlage für Controlling und Leistungsvergleiche (Benchmarking).

Kosten	Abgegrenzter Aufwand, d. h. die Werte der Güter und Dienstleistungen, die bei der betrieblichen Tätigkeit verbraucht werden. Die Kostenbegriff umfasst: Verbrauch von Gütern, Bewertung dieses Verbrauchs in Geld, Leistungsbezogenheit.

➔ Leistungen ➔ Aufwand |
| **Kostenarten** | Kosten werden in der Kostenartenrechnung danach unterschieden, welche Art von Kostengütern ihnen zugrunde liegen. So unterscheidet man Material-, Personal-, Dienstleistungs- und Anlagekosten, Steuern, Mieten und kalkulatorische Kosten.

➔ Kostenstellen ➔ Kostenträger |
| **Kostenartenrechnung** | Aufgabe der Kostenartenrechnung ist es, sämtliche Kosten, die in einem Betrieb während einer Abrechnungsperiode angefallen sind, zu erfassen. Aufwand und Ertrag werden mittels Abgrenzungen in Kosten und Leistungen überführt. Die Kosten sind ferner nach Einzel- bzw. Gemeinkosten zu gliedern.

➔ Kostenstellenrechnung ➔ Kostenträgerrechnung |
| **Kostenbegriffe** | ➔ Einzelkosten ➔ Gemeinkosten ➔ Herstellkosten ➔ Selbstkosten ➔ Variable Kosten ➔ Fixe Kosten |
| **Kostenrechnung** | ➔ Betriebsbuchhaltung |
| **Kostenstellen** | Abgegrenzte, betriebliche Verantwortungsbereiche, für die die Belastung mit Gemeinkosten gesondert ermittelt werden kann, um sie den Kostenträgern zurechnen zu können. Die Bildung von Kostenstellen erfolgt nach organisatorischen, funktionellen oder räumlichen Gesichtspunkten.

➔ Kostenarten ➔ Kostenträger |
| **Kostenstellenrechnung** | Ermittelt, welche Kosten für die einzelnen Teilbereiche eines Unternehmens innerhalb einer Abrechnungsperiode anfallen. Die nicht direkt auf Kostenträger verrechenbaren Einzelkosten werden hier als Gemeinkosten gesammelt und anschliessend mit verursachungsgerechten Schlüsseln auf die Kostenträger umgelegt.

➔ Kostenartenrechnung ➔ Kostenträgerrechnung |
| **Kostenträger** | Vom Unternehmen erstellte Produkte oder Dienstleistungen, unter Umständen können auch Projekte als Kostenträger geführt werden.

➔ Kostenarten ➔ Kostenstellen |
| **Kostenträgerrechnung** | Baut auf der Kostenarten- und Kostenstellenrechnung auf und dient der Ermittlung der Gesamtkosten für jeden Kostenträger in einer Abrechnungsperiode. Einzelkosten werden direkt belastet, Gemeinkosten über Kostenstellen umgelegt.

➔ Kostenartenrechnung ➔ Kostenstellenrechnung |

L

Leistungen	In der Betriebsbuchhaltung bilden Kosten/Leistungen das Begriffspaar für Wertflüsse (in der Finanzbuchhaltung ist das entsprechende Begriffspaar Aufwand/Ertrag). Leistungen sind abgegrenzter Ertrag. Soweit Leistungen verkauft werden, erbringen sie Erlöse. (In der Praxis ist allerdings oft auch in der Betriebsbuchhaltung einfach von Ertrag bzw. Erlös die Rede.)

In einem breiteren Rahmen ist Leistung ein allgemeiner Begriff für den Output eines Unternehmens (sei das in Form von Handelswaren, Fabrikaten oder Dienstleistungen).

➔ Kosten |

N

Nachkalkulation Kalkulation, die nach Beendigung des Auftrags durchgeführt wird.

→ Vorkalkulation

Nutzschwelle (Auch: Break-even-Punkt) Leistungsmenge bzw. Leistungswert, bei der bzw. bei dem der Erlös gerade die gesamten Kosten deckt. Beim Überschreiten der Nutzschwelle gelangt man in die Gewinnzone, unterhalb der Nutzschwelle liegt man in der Verlustzone. Die Nutzschwellenanalyse beruht auf der Aufteilung der Kosten in variabel und fix sowie auf dem Begriff Deckungsbeitrag (Erlös abzüglich variable Kosten). Berechnungen:

Nutzschwelle mengenmässig = Fixkosten / Deckungsbeitrag pro Stück

Nutzschwelle wertmässig = Fixkosten / Deckungsbeitragsmarge

oder: = Stückerlös · Nutzschwelle mengenmässig

→ Deckungsbeitrag → Fixe Kosten → Variable Kosten

P

Profit Center Solche Organisationsformen haben in erster Linie die Verantwortung für das Erreichen eines Betriebsergebnisses.

S

Sachliche Abgrenzung Ausscheidung von neutralen Aufwänden oder Ansatz von Zusatzkosten (z. B. kalkulatorischen Mieten).

→ Zeitliche Abgrenzung → Kostenartenrechnung

Selbstkosten Stellen die Summe aller Kosten dar, die für die Herstellung und den Vertrieb der erzeugten Leistungen anfallen. Um auf die Selbstkosten zu kommen, sind i. A. zu den Herstellkosten noch die Gemeinkosten für Verwaltung und Vertrieb zu addieren.

→ Herstellkosten → Kostenbegriffe

T

TCO Total Cost of Ownership. Kann auch als Nutzungskosten beschrieben werden. Betrachtet die gesamten Kosten eines Kostenobjektes über einen gewissen Zeitraum. Dabei werden unter anderem direkte, budgetierte Kosten und indirekte, nicht budgetierte Kosten des Benützers unterschieden.

Teilkostenrechnung Unter Teilkostenrechnung versteht man eine Methodik zur Durchführung der Kostenrechnung, bei der eine Kostenauflösung in variable und fixe Kosten erfolgt. Auf die Kostenträger werden nur variable Kosten verrechnet: Als Differenz zu den Erlösen ergeben sich die Deckungsbeiträge, aus denen dann die Fixkosten zu decken sind. Bei der Unterscheidung von Voll- bzw. Teilkostenrechnung geht es um den Umfang der verrechneten Kosten. Das Abrechnungsprinzip (Kostenarten-, Kostenstellen und Kostenträgerrechnung) ist also davon nicht berührt.

→ Vollkostenrechnung

Top-down Vorschläge, Planungsdaten, die «von oben», d. h. von der Führungsebene her entwickelt werden

---

V

Variable Kosten

Kosten, die sich mit der Menge der Produkte oder Dienstleistungen verändern, sie sind abhängig vom Beschäftigungsgrad. Sie sinken oder steigen mit ab- bzw. zunehmender Erzeugnismenge (z. B. Material- und Lohnkosten).

→ Fixe Kosten → Kostenbegriffe

Verteilerschlüssel

Der Verteilerschlüssel legt fest, in welchem Verhältnis Kosten auf mehrere Kostenstellen verteilt werden.

Vollkostenrechnung

Die Vollkostenrechnung bezeichnet eine Methodik zur Durchführung der Kostenrechnung, bei der sämtliche Kosten (fixe und variable) auf die Kostenträger verrechnet werden.

→ Teilkostenrechnung

Vorkalkulation

Kalkulation, die vor Beginn des Auftrags durchgeführt wird.

→ Nachkalkulation

Vorkostenstelle

→ Hilfskostenstelle

Z

Zeitliche Abgrenzung

Die wertmässige Anpassung der Buchungsdaten wird periodenbezogen durchgeführt. Werden z. B. Mieten im Oktober für den Zeitraum Oktober bis März bezahlt, so erfolgt eine Abgrenzung zu 50 % für Oktober bis Dezember des laufenden Jahres und zu 50 % für Januar bis März des Folgejahres. Eine solche Abgrenzung auf Jahresbasis erfolgt meistens bereits in der Finanzbuchhaltung. In der Betriebsbuchhaltung gelten kürzere Zeiträume (meist Monate), so dass im Beispiel jeweils die monatliche Rate abzugrenzen wäre.

→ Sachliche Abgrenzung → Kostenartenrechnung

Zuschlagskalkulation

Die Zuschlagskalkulation ist eine Kalkulation der Stückkosten. Dabei werden alle anfallenden Kosten mit Zuschlagsprozenten dazugerechnet.

→ Divisionskalkulation → Differenzierte Divisionskalkulation

Stichwortverzeichnis

Lernwelt «Informatik»

Zwischen August 2002 und Ende 2004 veröffentlicht Compendio Bildungsmedien AG Lehrmittel zu über 50 Modulen für die IT-Grund- und Weiterbildung. Für die Weiterbildung sind bisher zum Beispiel die folgenden Titel erschienen:

Konfigurationsmanagement-System konzipieren und implementieren (197)

Grundlagen, Methoden, Techniken, Repetitionsfragen und Lösungen

Aus dem Inhalt: Was ist das Konfigurationsmanagement?; Konfigurationsmanagement im Rahmen des IT-Service-Managements; Konfigurationseinheiten; Konfigurationseinheiten effizient verwalten; Aufgaben des Konfigurationsmanagements; Rollen im Rahmen des Konfigurationsmanagements; Konfigurationsmanagement-Prozess; Konfigurationsmanagement im Softwarebereich; Konfigurationsmanagement im Hardwarebereich; Tools für das Konfigurationsmangement; Was ist Change Management?; Wie sieht der Change-Management-Prozess aus?; Generelle Vorgehensweise; Grobkonzept erstellen; Evaluation durchführen; Implementation vorbereiten; Tätigkeiten bei der Implementation; Tätigkeiten nach der Freigabe.

98 Seiten, A4, broschiert; 1. Auflage 2003; ISBN 3-7155-9055-6; Preis CHF 39.90

Managementinformationen beschaffen und aufbereiten (170)

Einführung in die Datenmodellierung und -auswertung mit Beispielen, Repetitionsfragen und -antworten

Aus dem Inhalt: Anforderungen; Informationserhebung; Informationsaufbereitung und -darstellung; Grundlagen Datenmodellierung; Entity-Relationship-Modell (ERM); Grundlagen Management-Support-Systeme; Architekturen und Modellierung; Der Weg der Daten zum Benutzer; Einführung des MSS.

122 Seiten, A4, broschiert; 1. Auflage 2002; ISBN 3-7155-9053-X, Preis CHF 39.90

Informationen Ausführliche Informationen zu allen Titeln und den Erscheinungsplan für sämtliche IT-Module finden Sie im Internet unter www.compendio.ch

Bestellungen Alle hier aufgeführten Lehrmittel können Sie per Post, E-Mail, Fax oder Telefon direkt bei uns bestellen:

Compendio Bildungsmedien AG, Hotzestrasse 33, Postfach, 8042 Zürich

Telefon: ++41 (0)1 368 21 14, Fax ++41 (0)1 368 21 70

E-Mail: bestellungen@compendio.ch, Internet www.compendio.ch